.

JACOPO PEZZAN
& GIACOMO BRUNORO

I DELITTI
DEL MOSTRO
DI FIRENZE

la case books

I DELITTI DEL MOSTRO DI FIRENZE
Jacopo Pezzan & Giacomo Brunoro

LA CASE Books
PO BOX 931416, Los Angeles, CA, 90093
info@lacasebooks.com || www.lacasebooks.com

INDICE

I DELITTI DEL MOSTRO DI FIRENZE

UN PUZZLE MALEDETTO

Parlare dei delitti del Mostro di Firenze significa raccontare la serie di crimini più agghiaccianti mai avvenuti in Italia negli ultimi cinquant'anni. Questa è una storia che assomiglia molto a un puzzle di cui abbiamo molti pezzi, forse addirittura troppi. Proprio per questo, nonostante gli sforzi, non si riesce mai a metterli tutti insieme in maniera armonica e definitiva. Questa storia è un puzzle maledetto che, a seconda dei tasselli che decidiamo di selezionare e del modo in cui li disponiamo sul tavolo, mette a fuoco un disegno terrificante ma sempre diverso. Un disegno che in ogni caso lascia aperti tanti interrogativi. Ci sono troppe domande senza risposte in questa brutta storia. Troppe zone grigie, troppi sospetti, troppi indizi deboli o debolissimi, troppe prove che non tornano, troppe sensazioni disturbanti. Più si va avanti e più ci si rende conto che continua a esserci qualcosa di sbagliato. Sì perché anche se ci sono delle sentenze ormai passate in giudicato, questa è un caso che, come vedremo, non è ancora chiuso.

Quello che state per leggere è il resoconto dei delitti del cosiddetto "Mostro Di Firenze". Stiamo parlando di una vicenda che ha messo in crisi tutti i modelli criminologici esistenti sui serial killer, al punto che possiamo dire che esistono i delitti tradizionali, i serial killer e... "i delitti del Mostro di Firenze".

I DELITTI

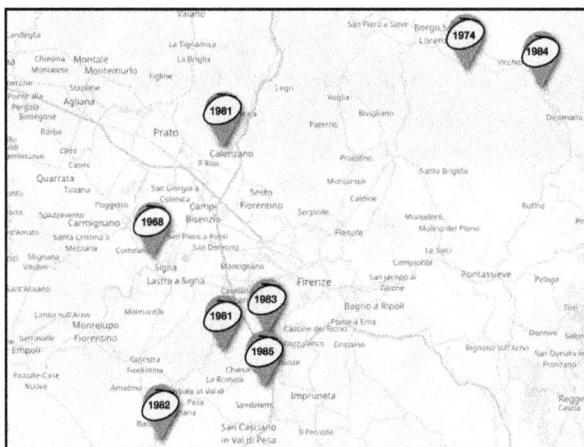

14 SETTEMBRE 1974
Località Borgo San Lorenzo, 40 km circa da Firenze

Ore 21 circa. Pasquale Gentilcore, 19 anni, impiegato, arriva assieme alla sorella Cristina alla discoteca Teen Club di Borgo San Lorenzo, in provincia di Firenze. Prende accordi per ripassare a prenderla intorno alla mezzanotte e si dirige a Pesciola di Vicchio, dove risiede la fidanzata Stefania Pettini, 18 anni, all'epoca appena assunta come segretaria presso la ditta Magif di Firenze. I due ragazzi si frequentano ormai da un paio d'anni anche se non hanno ancora ufficializzato la loro relazione.

Pasquale guida dalla discoteca a casa di Stefania. Ce lo immaginiamo sereno. L'estate volge al termine e, anche se la sera prima è piovuto, non fa ancora freddo. La macchina, una 127 blu, gli è stata prestata dal padre ed è dotata addirittura di autoradio, un piccolo lusso per l'epoca. Probabilmente il giovane non ha grossi pensieri mentre copre quel tratto di strada, è felice, ascolta la radio e vuole soltanto passare una bella serata. Sono circa le 21.30 quando Pasquale arriva nei pressi dell'abitazione in cui Stefania viveva assieme alla famiglia. La ragazza saluta tutti, esce di casa e sale sull'auto. Da quel momento il buio.

La ricostruzione degli inquirenti dice che i due giovani hanno preso la statale per Borgo San Lorenzo per raggiungere un gruppo di amici che si trovavano al Teen Club. Durante il tragitto hanno deciso di appartarsi in una strada sterrata presso il fiume Sieve, luogo noto per essere frequentano da coppiette in cerca di intimità.

I due ragazzi sono all'interno dell'auto quando verso mezzanotte qualcuno si avvicina dalla parte del sedile di guida. Lo sconosciuto spara a bruciapelo fulminando Pasquale con un colpo al cuore e quattro colpi al corpo. Altri quattro colpi raggiungono Stefania in parti non vitali. Poi, secondo la ricostruzione ufficiale, la ragazza è trascinata fuori dall'auto. Viene spinta a terra nel luogo in cui sarà ritrovata, ovvero sotto il tubo di scarico dell'auto. Qui il Mostro colpisce la povera ragazza con 96 ferite da arma da taglio. Tre di queste ferite sono mortali e sono state inflitte mentre la ragazza era ancora viva e probabilmente cosciente, provocando così per la prima ed unica volta nella serie dei delitti del Mostro di Firenze un incontro fisico tra la vittima femminile ancora in vita e il killer durante l'assalto.

Le altre 93 ferite vengono inflitte post mortem e si concentrano soprattutto sulla zona pubica e sul seno. Più che di coltellate però di dovrebbe parlare di piccole "punture", come se il killer si fosse fermato a punzecchiare in maniera macabra il cadavere di quella povera ragazza. Il Mostro inserisce quindi un tralcio di vite nella vagina della vittima, poi abbandona il corpo. Prima di lasciare la scena del crimine l'assassinio infierisce con 5 coltellate sul corpo senza vita di Pasquale, apre la borsetta di Stefania e ne sparge il contenuto per terra compiendo così quella che diventerà una macabra ritualità nei molti dei delitti successivi. La catenina che la ragazza aveva al collo non verrà mai più ritrovata.

Il ritrovamento dei cadaveri

I corpi senza vita dei due giovani vengono scoperti il mattino dopo da un contadino della zona. La borsetta ed il reggiseno della vittima invece vengono ritrovati a circa duecentocinquanta metri dal luogo del delitto grazie a una telefonata anonima. Avremo modo di vedere come le telefonate ed i messaggi anonimi saranno alcuni dei fili rossi di questo caso maledetto.

Sul terreno restano dei bossoli Winchester serie H calibro .22 Long Rifle sparati sicuramente dall'arma dell'assassino. La pistola viene individuata in una Beretta compatibile con i modelli 70, 72, 73 e 74. Purtroppo si tratta di alcuni dei modelli di armi da fuoco più diffusi in Italia in quel periodo. Stesso discorso per quanto riguarda le munizioni della Winchester serie H.

Fin qui la ricostruzione ufficiale che, per quanto riguarda gli orari, si basa anche sulle testimonianze di due ragazzi che hanno sentito degli spari intorno alla 23.45 passando in prossimità del luogo dell'omicidio.

Una ricostruzione alternativa

Esiste però un'altra ricostruzione degli eventi basata sull'analisi delle immagini della scena del crimine raccolte dalle forze dell'ordine quando i cadaveri sono stati ritrovati. In una di queste foto infatti si vede il corpo di Stefania disteso a terra nei pressi dell'auto. Nonostante la foto sia in bianco e nero è facile notare che sotto ai piedi della ragazza ci sono quelle che sembrano le tipiche tracce di terriccio lasciate sulla pianta dei piedi quando si cammina su un prato privi di scarpe e calze. A quando risalgono queste tracce? Sono precedenti al delitto, e quindi Stefania ha camminato sul prato scalza per qualche motivo, oppure la ragazza ha avuto modo di reagire all'aggressione, uscire dall'auto e magari tentare la fuga? Per quanto tempo ha camminato e fino a dove si sarebbe spinta in realtà? Per imbrattare i piedi della ragazza in quel modo erano sufficienti quei pochi passi tra il posto passeggero, dove con ogni probabilità lei si trovava e che venne ritrovato con la portiera spalancata, e il punto in cui il suo corpo giaceva senza vita? E, ancora: le è stato chiesto di uscire da qualcuno?

C'è chi, sulla base di alcune contusioni sul corpo della giovane, ha avanzato l'ipotesi che tra lei ed il killer vi sia stata addirittura una colluttazione. Tutte queste domande purtroppo sono destinate a restare senza risposta. Il pomeriggio prima di venire uccisa inoltre Stefania aveva confidato a un'amica di aver fatto un brutto incontro con un personaggio sgradevole. Purtroppo però non aveva fornito ulteriori dettagli. Da una successiva analisi del diario della ragazza non emergerà nulla di utile.

Alcuni elementi di questo primo duplice omicidio, per molti aspetti diverso dalle successive e più meccaniche azioni del Mostro, sembrano portare verso l'idea che l'assassino avesse un grande coinvolgimento emotivo nei confronti della vittima, coinvolgimento che sembra non esserci nei delitti successivi. Infine non possiamo non sottolineare un ultimo interrogativo a tutt'oggi irrisolto: la distanza tra casa di Stefania e il luogo dell'omicidio è di circa 5 minuti in macchina, quindi i due ragazzi dovrebbero esservi giunti tra le 21:30 e le 22:00, mentre l'omicidio dovrebbe essere avvenuto intorno alle 23:45. L'assassino era già sul luogo e ha aspettato nell'oscurità per tutto quel tempo il momento propizio per agire, oppure è giunto sul posto successivamente, e cioè poco prima dell'attacco?

Le indagini che seguono a questo duplice delitto sono di tipo classico e si concentrarono soprattutto sui conoscenti dei due giovani, come si può leggere sulla stampa dell'epoca:

«Durante la notte si era avuta l'impressione che si fosse verificata una svolta nelle indagini. I carabinieri erano corsi in un paesino della Romagna per fermare un giovane, alto, di circa vent'anni, presunto ex fidanzato di Stefania. Forse il suo nome nel "diario segreto".

Interrogato per tutta la notte, il fermato (di cui non. è stato rivelato il nome) è stato però rilasciato in tarda mattina [...] Poiché è difficile credere che un maniaco che vada a spiare le coppiette armato come un assaltatore di banche, la pista del guardone ha perso gradatamente quota. È rimasto l'omicidio con messinscena da sadico: la vendetta più orrenda. [...] i carabinieri hanno cominciato a cercare una soluzione diversa e un po' alla volta è tornata al centro dell'inchiesta l'ipotesi della vendetta di un innamorato.

Due diari di Stefania erano stati trovati subito dopo il delitto pieni di annotazioni sulla vita di tutti i giorni. Perquisita di nuovo la casa di Stefania, i carabinieri hanno finalmente trovato il diario segreto. Il quaderno, a righe con la copertina scusa, era conservato insieme a un pacchetto di lettere che pure gli inquirenti giudicano molto interessanti. In quelle pagine custodite con tanta gelosia, la ragazza riportava fatti e sentimenti che voleva tenere fuori dagli altri diari "ufficiali", che erano alla portata di chiunque volesse sfogliarli. Tutte frasi scritte in stenografia, che Stefania aveva imparato durante il corso all'Istituto Tornabuoi di Firenze prima d. i diplomarsi segretaria.

Che cosa si è scoperto in quelle pagine? Sembra che nel diario siano riportati i nomi ed episodi e che siano indicate due località distanti da Borgo San Lorenzo. Sembra anche che Stefania parli spesso del campo dove è stata ammazzata»[1].

Alcuni anni dopo il delitto la tomba di Stefania verrà profanata per mano di ignoti: un ultimo e barbaro scempio.

Pasquale Gentilcore e Stefania Pettini
nella foto pubblicata da Il Corriere della sera
il 18 settembre 1974.

---

[1] Ettore Bolli, *Il "giallo" dei fidanzati massacrati,* Corriere della Sera, 18 settembre 1974.

La 127 di Pasquale Gentilcore sul luogo del duplice delitto del 14 settembre 1974 in una foto pubblicata dai quotidiani dell'epoca.

Il corpo senza vita di Pasquale Gentilcore all'interno della sua 127 blu.

6 GIUGNO 1981

Località Mosciano di Scandicci,15 km circa da Firenze

È un sabato sera senza luna. L'estate è ormai alle porte e due giovani ragazzi sono appartati in macchina non lontano dalla discoteca Anastasia, in una zona frequentata da coppiette e guardoni. I due giovani si chiamano Giovanni Foggi, 30 anni, magazziniere all'ENEL, e Carmela de Nuccio, assunta da poco mesi dalla pelletteria ASI di Scandicci. Si frequentano da pochi mesi ma hanno già deciso di sposarsi, come racconta il quotidiano La Nazione:

«Proprio quella sera prima di uscire avevano fissato la data delle nozze. Sabato pomeriggio Giovanni andò in casa di Carmela a San Giusto per parlare del matrimonio. "Se non ha niente in contrario andremo a prendere un gelato" chiese al futuro suocero. La domenica dovevano trascorrerla al mare»[2].

---

[2] Gian Carlo Fazzini, La Nazione, giugno 1981.

Quella sera dunque i due giovani hanno cenato a casa assieme ai genitori di Carmela poi, verso le 22:00 sono usciti, così hanno detto, per prendere un gelato.

L'azione del Mostro è fulminea e, molto probabilmente, coglie quasi totalmente di sorpresa i due ragazzi. In un attimo Giovanni viene raggiunto da tre colpi di pistola precisi: uno al cuore, uno al polmone e uno alla testa. Carmela invece viene centrata da cinque colpi, di cui uno sicuramente mortale sparato a bruciapelo al tronco. In tutto l'attacco dura appena una manciata di secondi.

L'arma è sempre la stessa del duplice omicidio del '74: una Beretta calibro .22. I bossoli sono Winchester serie H. La perizia balistica confermerà in maniera certa che sono stati sparati dalla stessa arma del delitto del 1974.

Dopo aver aperto la portiera dell'auto il Mostro afferra la ragazza e la sposta su un terrapieno a circa 12 metri di distanza, dove verrà ritrovata completamente vestita e con la collana stretta tra i denti. Qui, dopo averle reciso. i jeans fino alla cintura, il Mostro le asporta il pube con tre colpi netti, procurandosi così il primo di una lunga serie di macabri feticci. Non esistono tracce di trascinamento sul terreno circostante, il che fa pensare che il corpo della ragazza sia stato sollevato di peso e trasportato.

Prima di lasciare il luogo del delitto l'assassino apre la borsetta della ragazza e ne sparge il contenuto per terra. Infligge quindi alcune coltellate post mortem al cadavere del ragazzo, quasi a sfregio, e se ne va.

La scena del crimine

I corpi vengono ritrovati il giorno seguente da un poliziotto che sta facendo una passeggiata col figlio. Il cadavere di Giovanni è ancora all'interno dell'auto seduto al posto di guida con i calzoni parzialmente abbassati. Il finestrino è completamento distrutto.

Il giornalista Mario Spezi fu tra i primi a recarsi sulla scena del crimine, ecco come ci ha raccontato quei momenti drammatici e intensi:

«Il primo impatto che ebbi con la storia del Mostro fu una mattina di una domenica del giugno 1981. Quella mattina sostituii un collega che si occupava di cronaca nera. Ricordo ancora la frase che mi disse allora: tanto la domenica non succede niente a Firenze…

E invece verso mezzogiorno venni a sapere che erano stati trovati i cadaveri di due giovani vicino a Scandicci, in una strada molto secondaria, in campagna, che casualmente io conoscevo perché abita lì in mio amico e quindi arrivai molto velocemente. Addirittura quando arrivai c'erano solo i carabinieri della stazione di Scandicci perché la polizia di Firenze e il magistrato non erano ancora arrivati.

La prima impressione è… è… strana. Per il mio mestiere io ho visto diverse scene di omicidi e di delitti, sono sempre orrende, nel senso che di solito c'è molto sangue, disordine, come se la violenza fosse rimasta pietrificata lì. Invece in questa scena, e anche nelle scene successive dei delitti del Mostro, non c'è sangue. Tutto è calmo, non c'è traccia di violenza. Il ragazzo sembrava addormentato con la testa appoggiata al finestrino, se non fosse per un piccolo segno nero alla tempia. La ragazza lì non c'era, c'era solo la sua borsetta rovesciata per terra.

Chiesi al maresciallo di Scandicci dov'era, lui mi disse di andare più avanti e preferì non venire. Sotto a un piccolo dosso vidi il corpo di questa ragazza che era supino con gli occhi spalancati verso il cielo, la piccola catena d'oro che era rimasta tra le labbra. Anche lei sarebbe sembrata stesa lì al sole, se non fosse per qualche cosa di veramente orrendo... che era una... chiamiamola ferita ma non era una ferita, era come se l'intera parte del basso ventre fosse solo un'enorme buco nero pieno di ogni cosa orrenda che si può immaginare»[3].

Secondo l'interpretazione più diffusa l'attacco sarebbe stato condotto mentre il ragazzo era in una situazione di svantaggio, ovvero mentre si stava sfilando i pantaloni prima del rapporto sessuale. Secondo altri invece la posizione in cui i pantaloni vennero ritrovati lascerebbe intuire che l'attacco sia stato sferrato alla fine del rapporto, e cioè mentre il ragazzo si rivestiva.

Il corpo di Giovanni viene ritrovato con il pantalone infilato quasi completamente nella gamba destra e questo sembra accordarsi meglio con la teoria che ipotizza che il ragazzo si stesse vestendo. Dato che non vi sono evidenze di un rapporto sessuale già consumato questa interpretazione sembra suggerire che i ragazzi stessero abbandonando il luogo, probabilmente perché disturbati da qualcosa o da qualcuno.

Purtroppo la scena del crimine viene inquinata praticamente da subito, come ci ha raccontato in modo molto chiaro il giornalista e scrittore Gianluca Monastra,

---

[3] G. Brunoro, P. Cochi, J. Pezzan, *I delitti del Mostro di Firenze*, LA CASE Books, 2012 (audiolibro)

autore de *Il mostro di Firenze - Ultimo atto*[4]:

«Gli inquirenti non erano preparati, ma io vorrei aggiungere che l'Italia non era preparata a una serie di delitti così efferati e così lontani dalla tradizione del crimine del nostro paese. Noi siamo legati più a dei moventi passionali e, invece, qui si capiva subito che il maniaco colpiva a caso, colpiva vittime che non avevano nessun legame fra di loro se non una precisa tipologia di vittime, ovvero coppie appartate in campagna di notte. Quindi tutto questo ha tremendamente complicato le cose, tant'è che per i primi anni '80 si è andati avanti con delle tecniche investigative vecchie, ma perché era un'Italia diversa. I colleghi più anziani che hanno seguito quei delitti raccontano proprio di cose incredibili se rapportate ai giorni nostri, inaccettabili: le scene del crimine erano calpestate continuamente non solo dalle forze dell'ordine che lì dovevano lavorare, ma anche da giornalisti, da fotografi, da curiosi…. E quindi è facilmente comprensibile come una scena del crimine che in realtà, poi lo si è scoperto negli anni, può far parlare tantissimo l'indagine in futuro, veniva invece vanificata dalla contaminazione di presenze esterne che non avevano a che fare con l'inchiesta»[5].

Nell'immediatezza del delitto entra in scena una delle figure più ambigue e più cariche di mistero dell'intera vicenda: Enzo Spalletti. Nato a Montelupo Fiorentino nel 1945 e ivi residente all'epoca dei fatti, Spalletti era impiegato come autista di autoambulanza presso la Misericordia, la Croce Rossa locale.

---

[4] Gianluca Monastra, Alessandro Cecioni, *Il Mostro di Firenze - Ultimo atto, Edizione Ampliata*, Nutrimenti edizioni, 2018.

[5] G. Brunoro, P. Cochi, J. Pezzan, op. cit.

Spalletti era un guardone, un "indiano" come venivano chiamati in gergo quelli come lui. Si trattava di centinaia di persone che ogni notte affollavano le campagne fiorentine, e non solo, alla ricerca di emozioni forti spiando le coppiette che si appartavano per effusioni più o meno spinte. I cosiddetti guardoni erano già entrati nelle indagini a partire dal delitto del '74, come possiamo leggere sul Corriere della Sera:

«La procura della Repubblica di Firenze ritiene che nel giro dei "guardoni" si sappia chi è l'assassino e che in quell'ambiente è la chiave di tutti e tre i duplici delitti compiuti da un maniaco criminale […]
Già dopo il duplice omicidio di Scandicci, polizia e carabinieri avevano battuto la pista dei "guardoni", individuando - secondo alcune indiscrezioni - almeno 200 persone, spesso cittadini insospettabili, che di notti si aggirano nei sobborghi di Firenze per spiare le tenerezze delle coppie appartatesi in automobile.
Gli investigatori sarebbero venuti a conoscenza di particolari, anche sconcertanti, di quel torbido mondo. Avrebbero, tra l'altro, appreso che esiste una rigida spartizione di zone e che singoli posti di osservazione talvolta vengono perfino affittati»[6].

Spalletti viene descritto così da Antonio Villoresi sulle pagine de La Nazione:

«In paese lo chiamano tutti Enzino, per il suo carattere bonario e per il suo slancio verso il prossimo. Chi lo conosce lo definisce un gran lavoratore. A volte si trattiene nella sede della Misericordia anche dieci-dodici

[6] *Fra i "guardoni" dei dintorni di Firenze c'è chi conosce l'assassino dei fidanzati,* Corriere della Sera, 27 ottobre 1974.

ore al giorno. [...] Dietro l'aspetto di buon padre e lavoratore tranquillo l'uomo ama ogni tanto appartarsi in qualche bosco per spiare le coppiette.

Pare che in questo strano atteggiamento lo abbiano sorpreso più volte alcuni giovanotti del luogo. Comunque pare che non abbia mai avuto noie con la giustizia»[7].

La sera del 6 giugno l'auto di Spalletti era stata vista e segnalata nei pressi del delitto. In effetti quella sera Spalletti si era incontrato con un amico e compagno di spedizioni notturne presso la pizzeria "Taverna del Diavolo" in località Roveta. Assieme avevano passato alcune ore nell'oscurità in attesa di qualche coppia a cui rubare qualche attimo di intimità. Verso mezzanotte l'amico se ne va, è tardi e quella non sembra essere una serata buona per la loro squallida caccia notturna. Spalletti invece non rincasa prima della 2 e, nei giorni successivi all'omicidio, rivelerà alla moglie e a un paio di avventori del bar del paese di aver visto una coppia di ragazzi assassinati. Arriva anche a parlare delle mutilazioni ma, dettaglio fondamentale, lo fa prima che la notizia sia diffusa dagli organi di stampa.

Gli investigatori, messi sulle tracce di Spalletti dalla segnalazione della sua auto sul luogo del delitto, lo convocano immediatamente in caserma. Sulle prime Spalletti cerca di negare inventando storie inverosimili poi, dopo sei ore di interrogatorio incalzante, confessa di essere stato nei pressi del luogo del delitto la sera dell'omicidio. Aggiunge infine di essere rincasato verso la mezzanotte, proprio come il suo compagno di spedizioni notturne. Viene però smentito dalla moglie che conferma di non averlo visto fino alle 2 di notte,

_____

[7] Antonio Villoresi, *"Anch'io so che mio marito è un guardone ma quel delitto non può averlo commesso"*, La Nazione, giugno 1981.

quando si era coricata. Nel corso dell'interrogatorio emerge anche che Spalletti ha diffuso dettagli del duplice omicidio prima che questo venisse reso noto al pubblico. A questo punto scattano inesorabilmente le manette ai polsi di Spalletti, che però si proclama da subito innocente.

Leggiamo come ha ricordato per noi questo particolare l'ex Sostituto Procuratore Silvia Della Monica:

«Credo che addirittura, se ricordo bene, lui fosse andato in un bar del paese e avesse detto che aveva visto dei morti ammazzati. Quando noi lo interrogammo lui dette delle indicazioni contrastanti, disse di averlo letto dai giornali… ci furono parecchie contraddizioni per cui fu arrestato per reticenza»[8].

Nonostante tutto l'uomo si chiude in un ostinato e alquanto ambiguo silenzio. La cosa appare ancora più strana alla luce del fatto che la moglie avesse dichiarato di ben conoscere le abitudini del marito:

«Lo hanno arrestato sicuramente per fargli paura. Enzo è un bravo marito, non ha mai avuto nulla a che fare coi carabinieri. Legare il suo nome al delitto di Scandicci è assurdo. Lui che quando torna a casa dopo aver visto un ferito che perde sangue non mangia per alcuni giorni. L'uccisione dei due fidanzati è stato anzi un fatto che lo ha molto sconvolto. Sì è vero, legge giornali e vede alla televisione film pornografici.

È anche vero che è un guardone, me lo ha raccontato lui delle volte. Mi aveva promesso da tempo di smetterla e di non andare più la notte nei boschi»[9].

---

[8] G. Brunoro, P. Cochi, J. Pezzan, op. cit.

[9] Antonio Villoresi, op. cit.

Nel corso di un nuovo interrogatorio Spalletti arriva a parlare addirittura di un complotto. Secondo lui gli inquirenti sanno benissimo che non è l'assassino, ma lo terrebbero in galera soltanto per proteggere qualcuno di potente e insospettabile.

Nel frattempo, mentre Spalletti è in carcere la moglie e il fratello ricevono una serie di telefonate anonime. Si tratterebbe di messaggi inquietanti in cui una voce maschile "consiglia" ai familiari di dire a Spalletti di tenere la bocca chiusa. I messaggi continuano, con la voce misteriosa che sottolinea addirittura come un po' di galera faccia bene "a quello scemo", dato che ha commesso l'imprudenza di dire che aveva appreso della morte dei due ragazzi dai giornali anche se poi la notizia era uscita soltanto la mattina dopo.

Spalletti comunque rimane in carcere fino al successivo omicidio del Mostro. Non farà più nessuna dichiarazione pubblica, se non qualche breve intervista nell'immediatezza del suo rilascio. Non collaborerà mai in alcun modo con gli inquirenti, per lo meno ufficialmente. Verrà definitivamente prosciolto soltanto nel 1989.

Oggi a distanza di anni, e conoscendo gli sviluppi di questa macabra storia, appare chiaro che tutto l'*affaire* Spalletti venne gestito nel peggiore dei modi. Dopo aver ricevuto la segnalazione dell'auto gli investigatori avrebbero dovuto attenzionare, come si dice in gergo, il soggetto per un certo periodo: pedinarlo, intercettarlo, controllarne abitudini e frequentazioni. Convocarlo subito in caserma con pochi elementi in mano molto probabilmente è servito soltanto a "bruciare" un potenziale testimone, addossandogli inoltre responsabilità che forse sarebbero state escluse a priori se si fosse operata un'indagine preliminare a suo carico. Questo, naturalmente, con il senno di poi.

Dobbiamo però metterci nei panni degli investigatori che all'epoca brancolavano nel buio e che avevano bisogno di produrre dei risultati in fretta perché pressati dall'opinione pubblica e dagli organi di stampa.

Sentiamo a questo proposito ancora l'ex Sostituto Procuratore Della Monica:

«Era un personaggio molto sfuggente, difficile, come tutti coloro che fanno parte di questo ambiente dei guardoni, che poi noi dovemmo per forza di cosa indagare. Personalità un po' disturbate, facili anche alla menzogna, alla reticenza, anche perché in realtà si vergognavano dell'attività che svolgevano.

Non erano personaggi facili dal punto di vista dell'aiuto all'autorità giudiziaria, anche perché non ne avevano in verità alcuna voglia, erano interessati soprattutto a mantenere i loro segreti. Può darsi che avesse visto qualcosa, ma questo non sono in grado di dirlo perché dall'inchiesta che facemmo non emerse se lui avesse avuto contatti o legami con le persone coinvolte nel duplice omicidio. Sicuramente disse cose che dimostravano che sulla scena del delitto c'era stato"[10].

Com'è facile immaginare la scarsa protezione della privacy nella storia di Spalletti stuzzicò la *pruderie* di molti normali cittadini che scoprivano un mondo fatto di guardoni, appostamenti notturni, immagini e forse suoni rubati (girò a lungo la leggenda metropolitana per cui molti di questi personaggi avessero addirittura apparecchiature per la registrazione audio e video), e di cui si vociferava facessero parte anche insospettabili della cosiddetta Firenze bene. Questo clima di caccia alle streghe molto probabilmente ha inibito non pochi

---

[10] G. Brunoro, P. Cochi, J. Pezzan, op. cit.

"indiani" dall'andare a collaborare con gli inquirenti. Per molte persone, magari sposate o con ruoli pubblici, non sarebbe stato possibile confessare un passatempo tanto vergognoso.

Leggiamo ancora la testimonianza di Della Monica:

«Noi avevamo una volontà incredibile di cercare di pervenire alla soluzione del caso, anche perché la morte di questi ragazzi era assolutamente crudele e senza senso, e anche i genitori di questi poveri ragazzi non riuscivano a farsene una ragione. Noi cercavamo di dare una risposta ma era impossibile, noi battemmo ogni pista possibile e immaginabile: i ricoveri negli ospedali psichiatrici e giudiziari; nell'ospedale psichiatrico di Monte Lupo in particolare, nei manicomi ordinari; tutti coloro che avessero avuto dei precedenti specifici o che potessero essere coinvolti nelle vicende...

Il primo successo fu proprio quello di individuare l'arma del delitto. Poi nell'81 ce ne furono due di delitti, quello nel giugno dell'81 e quello successivo nell'ottobre dell'81, con mutilazioni in danno della vittima che aumentavano in intensità»[11].

Noi siamo convinti che non si sia scavato abbastanza in questa direzione: cos'ha realmente visto Spalletti? Ha assistito al delitto o è arrivato sulla scena del crimine in un momento immediatamente successivo? Perché si è fatto mesi di carcere da innocente senza aprire bocca? Era minacciato? E da chi? E poi quanti altri guardoni potrebbero aver assistito a qualcosa di sospetto senza magari saperlo? E, soprattutto, com'è possibile che Spalletti si sia chiuso in un silenzio ostinato durato ormai più di quarant'anni?

---

[11] G. Brunoro, P. Cochi, J. Pezzan, op. cit.

Resta l'amaro in bocca al pensiero di quanti potrebbero avere, anche inconsapevolmente, sentito magari solo un suono o intravisto un banale dettaglio. Particolari che, se inseriti in quadro investigativo organico, avrebbe potuto mettere gli investigatori su una buona pista. Ma tutti questi potenziali testimoni non si sono mai fatti avanti per paura di essere messi alla gogna, proprio come accadde a Spalletti. Ogni dettaglio, ogni più piccola informazione poteva essere fondamentale, ma nessuno a quanto pare ha mai collaborato con gli investigatori.

Del resto come ci ha raccontato l'ex Procuratore Capo presso il tribunale di Firenze Piero Luigi Vigna, la situazione era davvero complicatissima:

«Questa era la cosa particolarmente faticosa e stressante nelle indagini: quando venivano arrestate certe persone (questo per la verità da parte del Giudice Istruttore perché noi eravamo contrari a certi arresti), poi mentre queste erano dentro avveniva un nuovo omicidio.

Un altro tentativo di trovare questa famosa verità fu l'idea di mettere una taglia e fu una disperazione, infatti fu tolta dopo quindici giorni perché arrivavano telefonate le più svagate, le più pazze... chi ce l'aveva col vicino perché posteggiava male e allora lo indicava come il Mostro, per cui si dovevano mettere le indagini su queste cose stupide anziché proseguire in un'indagine razionale»[12].

Il giornalista Mario Spezi ricorda con queste parole in che modo questo delitto venne collegato a quello del '74 e come nacque l'espressione "Mostro di Firenze":

---

[12] G. Brunoro, P. Cochi, J. Pezzan, op. cit.

«Va detto che era chiaramente un delitto di tipo maniacale perché il tipo di ferite e di amputazioni fatte sul corpo della ragazza potevano essere state fatte soltanto da uno psicopatico. Però si pensava anche a qualche cos'altro, infatti le prime indagini andarono a cercare tra ex spasimanti della ragazza.

Poco dopo il delitto, non io ma un mio collega della Nazione, si ricordò del delitto commesso nel '74 e con una calibro .22 mai ritrovata. Quindi si poteva parlare di uno stesso assassino e a quel punto l'ipotesi del serial killer divenne reale. Ricordo che al giornale fui io, per la prima volta, a usare l'espressione "Mostro di Firenze" proprio sulla falsariga degli altri mostri famosi stranieri: quello di Dusserdolf, dello Yorkshire, di Boston...»[13].

Giovanni Foggi e Carmela De Nuccio in due foto
apparse nei quotidiani dell'epoca.

---

[13] G. Brunoro, P. Cochi, J. Pezzan, op. cit.

Enzo Spalletti in una foto apparsa
nei giornali all'epoca dei fatti.

Il corpo senza vita di Carmela De Nuccio
sulla scena del crimine.

22 OTTOBRE 1981
Località Le Bartoline, 30 km circa da Firenze

È una serata abbastanza fredda, l'estate ha ormai lasciato spazio all'autunno. Stefano Baldi, operaio tessile di 26 anni, e Susanna Cambi, impiegata di 24, sono appartati in macchina in un viottolo isolato. È molto buio, sullo sfondo una cascina abbandonata. Sicuramente hanno sentito parlare del duplice omicidio di giugno, forse hanno anche un po' di paura ma, si sa, queste cose capitano sempre agli altri. E quella poi è una zona piuttosto lontana da quei terribili delitti. I ragazzi hanno cenato a casa di Stefano, in fondo la loro relazione è ufficiale e hanno in programma di sposarsi a breve.

Dopo cena, verso le 22:00, escono sulla Golf nera di Baldi dicendo che sarebbero andati a vedere un film al cinema. I loro cadaveri verranno trovati la mattina dopo. Due pensionati che stanno facendo una passeggiata nei paraggi vedono la Golf nera abbandonata nel viottolo. Si avvicinano e scoprono l'orrore: Stefano e Susanna giacciono entrambi fuori dall'auto riversi sul terreno. Stefano è stato raggiunto da quattro colpi di pistola, di cui almeno 2 mortali al cuore. L'assassino poi ha infierito sul suo cadavere con 4 ferite da taglio inflitte post mortem. Susanna, secondo la ricostruzione ufficiale, è stata colpita 5 volte. Dopo di che è stata estratta dall'auto, adagiata sul terreno a circa 10 metri dalla vettura dalla parte del passeggero e qui mutilata del pube. Tra le mani stringe un ciuffo di capelli, forse di Stefano Baldi, che a quanto pare però sono spariti dai reperti e quindi non sono mai stati analizzati. Anche Stefano è stato trascinato all'esterno dell'auto e adagiato dalla parte del guidatore. Secondo la ricostruzione ufficiale il corpo del ragazzo sarebbe stato d'intralcio all'assassino impedendone i movimenti durante la fase di estrazione della ragazza dall'abitacolo, per questo sarebbe stato rimosso. Secondo altri invece lo sportello del lato del guidatore venne ritrovato bloccato, quindi si può supporre che il Mostro abbia estratto il corpo del ragazzo dal lato passeggero e, forse, addirittura in un momento successivo rispetto a quello della ragazza. Il corpo invece di essere scaricato nei pressi dello sportello passeggero sarebbe stato quindi trasportato tutt'intorno alla macchina e deposto dalla parte del guidatore. Questo gesto di separare i corpi delle vittime è stato letto come un istinto incontrollabile da parte dell'assassino, forse il vero e proprio fine a livello psicologico di tutti gli omicidi.

Lo scrittore e giornalista Alessandro Cecioni[14] ci ha parlato proprio di quei giorni e del clamore suscitato da questo duplice omicidio:

«Il delitto di Baldi e Cambi lì scatenò un grandissimo

---

[14] Gianluca Monastra, Alessandro Cecioni, op. cit.

allarme. Tra l'altro stiamo parlando di un delitto insoluto, anche quello. Sì, ricordo molto bene che si creò un enorme clamore. L'omicidio di Susanna Cambi fu un delitto che ci toccò in maniera particolare perché era amica di un collega che lavorava con me alla Città. Fu una situazione che ci travolse tutti quanti, anche perché fu il secondo delitto dell'81, a poca distanza dal primo. Ci colse tutte impreparati e fece capire che non si trattava di un assassino causale, di un guardone che era passato di là, ma era un delitto dietro al quale c'era un'idea diversa.

E poi ci fu di nuovo la mutilazione del corpo della ragazza e che colpì la gente in maniera pazzesca, e ci mise tutti di fronte al fatto che stavamo cercando un serial killer"[15].

Un'ulteriore interpretazione fatta a distanza di anni sulla base degli sviluppi dell'inchiesta, ha ipotizzato un disperato tentativo di fuga da parte dei ragazzi e, di conseguenza, la presenza sulla scena del crimine di due assassini. Comunque sia intorno alla vettura non erano visibili segni di trascinamento. Di nuovo la borsetta viene rovistata dal Mostro, anche se non è stato possibile determinare se mancasse qualcosa. Nei pressi della scena del crimine viene trovata un'impronta di uno scarpone di taglia 44. Non distante dall'auto viene repertata una pietra a forma di piramide tronca di basalto nero.

A ritrovarla è Olinto Dell'Amico, all'epoca dei fatti Tenente Colonnello dei Carabinieri, che in seguito assunse il comando della caserma fiorentina di Borgo Ognisanti, che ci ha raccontato così quel momento:

---

[15] G. Brunoro, P. Cochi, J. Pezzan, op. cit.

«Ho trovato praticamente il falso ferma porte, sì, stava a una ventina di metri dal punto in cui vennero ritrovati i cadaveri. Non penso che fosse un simbolo esoterico, poi successivamente gli venne data una certa importanza, ma credo si trattasse soltanto di un comune ferma porte»[16].

La mattina successivo all'omicidio e prima che i corpi venissero ritrovati, uno sconosciuto cerca di mettersi in contatto telefonico con la madre di Susanna, sostenendo di avere notizie importanti sulla figlia. A causa di un guasto alla centralina telefonica purtroppo la comunicazione si interrompe quasi immediatamente. Questo telefonata è un particolare molto inquietante, dato che da pochissimi giorni madre e figlia erano ospiti della zia di Susanna e il loro nuovo recapito non appariva in nessun elenco telefonico.

Questo particolare è sicuramente uno dei dettagli più inquietanti del caso, come sottolinea l'avvocato e scrittore Nino Filastò, che fu il difensore di Mario Vanni nel processo ai cosiddetti "compagni di merende":

«C'è la telefonata crudele, cattiva, di questo personaggio perfido, alla famiglia della Susanna Cambi, nell'ottobre dell'81. C'è uno strano guasto telefonico per cui la telefonata si interrompe… Va detto poi che è come se il mostro intendesse bonificare la zona dai guardoni, cosa che avviene sicuramente prima del primo delitto dell'81, quello di Scandicci. Ne parla un amico di Spalletti, quello che andava con lui a guardare le coppie, il suo braccio destro, chiamiamolo così. Lui racconta di essere stato minacciato con una pistola da uno che lo costrinse a entrare dentro alla sua

---

[16] G. Brunoro, P. Cochi, J. Pezzan, op. cit.

macchina, e poi lo insultò dicendogli che era un vigliacco perché sapeva che quel tipo di attività non riveste materia di reato, mentre il reato lo commettono le coppie che si espongono ad eventuali atti osceni in luogo pubblico e che quindi doveva stare attento perché c'era chi ne aveva piene le scatole delle loro attività»[17].

A questo punto Enzo Spalletti, all'epoca ancora in carcere con l'accusa di essere il Mostro viene scarcerato e prosciolto da ogni accusa. È evidente che non può essere lui il serial killer delle coppiette.

Le sue dichiarazioni ai giornali in quei giorni fanno comunque capire in maniera evidente come il mondo dei "guardoni" fiorentini fosse ramificato e complesso:

«Il confronto è stato determinate. Fabbri, guardone anche lui, ha finalmente ammesso che quella sera è stato con me almeno fino a mezzanotte e 30, quando il delitto era già stato commesso. Eravamo stati a parlare in un bosco nella zona di Roveta, scopra Scandicci, e più volte mi aveva chiesto che ore fossero perché voleva andare a dormire.

Però, quando fu interrogato dopo il mio arresto stranamente non ricordava o non voleva ricordare. Si è rammentato che quel giorno a Roveta ci siamo visti di nuovo, ma appena di sfuggita, mentre in un primo tempo aveva affermato che ci eravamo fermati a parlare. Siccome io sostenevo il contrario il magistrato aveva giudicato il mio comportamento come quello dell'assassino che neanche con un amico accetta di parlare di una tragedia di cui si sente responsabile»[18].

---

[17] G. Brunoro, P. Cochi, J. Pezzan, op. cit.

[18] Riccardo Catola, *Una sola traccia, il bisturi. Enzo Spalletti è stato scarcerato*, Paese Sera, 25 Ottobre 1981.

Emerge infine un ultimo particolare inquietante sulla vicenda Spalletti, ovvero le minacce telefoniche subite anche dal suo sodale, il Fabbri citato da Spalletti, come si può leggere su Paese Sera:

«Resta il mistero di una telefonata fatta da Fabbri al fratello dell'autista di Montelupo, il 16 giugno, quattro giorni dopo l'arresto di Spalletti.

Il senso della telefonata è pressappoco questo: "Mi stanno minacciando - si confida Fabbri impaurito - Se non sto zitto mi fanno fare la fine di tuo fratello".

Che cosa significa? La telefonata è stata riferita al magistrato che, per il momento, non pare ne abbia tratto conseguenze»[19].

Susanna Cambi e Stefano Baldi in una foto
pubblicata nei giornali dell'epoca.

[19] Riccardo Catola, op. cit.

21 GIUGNO 1982
Località Baccaiano, 25 km circa da Firenze

Sono le 23:15 circa quando un amico della coppia vede la 127 del ragazzo parcheggiata in una stretta piazzola non lontano dal centro di Baccaiano. All'interno della macchina ci sono Paolo Mainardi, 24 anni, meccanico, e Antonella Migliorini, 19 anni, cucitrice presso un'azienda tessile. Sono una coppia molto affiatata e gli amici li chiamano "Vinavil", proprio come la famosa colla vinilica, per sottolineare il fatto che non si staccano mai. Anche loro, come tutti i ragazzi della zona, hanno sentito parlare dei delitti del Mostro e hanno paura. Gli amici delle vittime raccontano che Antonella in particolare aveva il terrore di appartarsi in zone isolate e che pretendeva di fermarsi solo in zone trafficate e ben visibili. La piazzola dove si trovavano i due ragazzi ha in effetti queste caratteristiche, dato che si trova a pochi centinaia di metri da un centro abitato e su una strada molto trafficata. A qualche chilometro di distanza poi si sta celebrando una festa di paese e il traffico è ancora più intenso del solito. Purtroppo questo accorgimento non basta a scongiurare il pericolo del Mostro.

Come dicevamo, infatti, tra le 23.40 e mezzanotte circa due amici diretti verso un bar di Baccaiano passano davanti all'auto di Paolo e la vedono dal lato opposto della strada con il muso sollevato e le ruote posteriori incastrate in un fosso. Proseguono verso il paese dove trovano il bar chiuso e tornando indietro decidono di fermarsi a dare un'occhiata a quella macchina. Inizialmente infatti pensano che si tratti di un banale incidente stradale. In quel momento sopraggiunge l'auto di un'altra coppia che si era appartata a circa 500 metri di distanza e che aveva sentito dei colpi e visto strani movimenti provenire da quella direzione. Si avvicinano e notano un buco sul parabrezza che sembra prodotto da un proiettile. Vedono il ragazzo rantolare all'interno dell'auto e capiscono. No, quello non è un incidente. I due ragazzi in preda al terrore si precipitano a chiamare i carabinieri mentre la coppia chiama l'autoambulanza.

All'arrivo dei paramedici le operazioni di estrazione dei corpi è resa difficoltosa dal fatto che la portiera dal lato del guidatore è bloccata. Cadendo nel fosso la lamiera si è deformata quel tanto che basta da renderne impossibile l'apertura senza forzarla. Lo sportello del lato passeggero invece è chiuso a chiave. Il corpo di Paolo viene estratto dall'auto e subito trasportato d'urgenza all'ospedale, dove purtroppo spirerà poche ore dopo senza aver mai ripreso conoscenza. I paramedici constatano sul posto la morte di Antonella, che era stata ritrovata nel sedile posteriore dell'automobile. Secondo la testimonianza dei barellieri anche il corpo di Paolo si trovava sul sedile posteriore dell'auto accanto a quello di Antonella, secondo i ragazzi che per primi hanno scoperto l'omicidio invece Paolo si sarebbe trovato seduto al posto di guida.

Una dinamica molto complessa

Sulla dinamica dell'assalto di Baccaiano esistono molte versioni diverse. Ecco come l'ex Sostituto Procuratore Silvia Della Monica ricostruisce il duplice delitto:

«L'omicidio fu commesso in un arco di tempo brevissimo. L'autore o gli autori del fatto, non saprei dire, sicuramente commisero degli errori. Ma purtroppo non bastò a noi e, soprattutto, non bastò alle vittime per potersi salvare, perché il Mainardi mise in moto la macchina, fece marcia indietro e finì in una cunetta, questo lo ricordo benissimo, però fu raggiunto dall'assassino che lo finì sostanzialmente a colpi di arma da fuoco e tolse le chiavi dalla macchina.

Il ragazzo fu trovato agonizzante, non morì subito e io pensai di cercare di sollecitare la vanità del "personaggio", chiedendo ai giornalisti di darci una mano. Proviamo a dire che non è morto subito, lasciamo credere che si sia stato un lasso di tempo in cui abbiamo potuto acquisire delle notizie. Questo tentativo purtroppo non riuscì, o forse se qualcuno si fece avanti noi non lo riconoscemmo nonostante tutti i nostri sforzi, anche se lui poi chiamò l'ospedale...»[20].

La versione "ufficiale" dice che l'assassino ha sparato alcuni colpi poco precisi quando la vettura era ancora parcheggiata nella piazzola, oppure i ragazzi hanno sentito dei rumori e si sono allarmati. Fatto sta che Paolo avrebbe messo in moto l'auto e, dopo aver ingranato la retromarcia, avrebbe attraversato la strada nella direzione opposta. Purtroppo però, forse a cause della tensione, non sarebbe riuscito a controllare la velocità dell'auto

---

[20] G. Brunoro, P. Cochi, J. Pezzan, op. cit.

che si sarebbe incagliata nel fosso dall'altra parte della strada perdendo aderenza con le ruote anteriori. A questo punto il Mostro si sarebbe avvicinato, avrebbe esploso due colpi precisi contro i fari che gli illuminavano il volto e che rendevano lui e l'auto molto visibili dalla strada. Avrebbe poi finito i due ragazzi da distanza ravvicinata e, a questo punto, forse innervosito dalla posizione troppo esposta del mezzo, avrebbe deciso di non infierire sui corpi.

Non dimentichiamo che ci troviamo su una strada abbastanza trafficata anche di notte ed è ragionevole pensare che qualcuno si sarebbe potuto fermare, così come in effetti è successo dopo pochi minuti. Il Mostro quindi avrebbe infilato le mani all'interno dell'abitacolo, avrebbe afferrato le chiavi e chiuso lo sportello del passeggero forse per ritardare le operazioni di soccorso, per poi sparire nella notte. Come ultimo estremo gesto di stizza avrebbe lanciato le chiavi non lontano dall'automobile.

Questa versione contrasta però con le testimonianze di Lorenzo Allegranti, l'autista dell'ambulanza che aveva soccorso Mainardi. Allegranti, infatti, ricorda di aver estratto il corpo di Paolo dal sedile posteriore:

«Quella sera ero di turno alla Croce d'Oro. Dopo le 23 arrivò una chiamata. Pensavo che si trattasse di un incidente. In pochi minuti arrivai a Baccaiano. L'auto, una Seat 147, modello brasiliano della nostra 127, era semi-rovesciata in un fossato. Ho aperto la portiera dal lato passeggero. Quindi ho fatto luce con la torcia e ho visto i ragazzi seduti sul sedile posteriore. Lei era vestita, con le mani sulle gambe e la testa reclinata all'indietro. Aveva un foro sulla fronte. Non c'era più niente da fare. Quando invece ho sollevato il ragazzo, ho sentito un fiotto di sangue. L'ho subito tirato fuori dalla macchina cercando in tutti i modi di tamponare l'emorragia»[21].

La versione che vuole Paolo Mainardi alla guida in un disperato tentativo di fuga peraltro contrasta anche con alcune foto dell'epoca in cui si vedono una serie di gocce di sangue sulla portiera dell'auto dal lato guidatore, gocce che scendono perpendicolare al terreno. Se il rigagnolo di sangue fosse stato prodotto quando l'auto era già incagliata nel fosso, infatti, avrebbe dovuto essere obliquo, seguendo l'angolazione nella quale l'auto si trovava in quel momento. Allora cos'è accaduto di preciso quella notte?

Abbiamo rivolto questa domanda all'Avv. Nino Filastò, ecco la sua risposta:

«Allora che fa questo signore, dopo aver sparato si mette lui alla guida di questa macchina dove dentro ci sono i corpi dei due ragazzi, e si avvia verso la direzione dove probabilmente ha lasciato la sua auto.

Che cosa succede? Succede che la ragazza è ancora viva: urla, strepita e... scalcia! Dal sedile posteriore in cui si trova tira calci. Tanto che ha, e questi sono fatti accertati dalle prove, gli stinchi escoriati questa ragazza. Sono lesioni che si è procurata quando era ancora in vita. E perché? Perché ha scalciato e ha preso il sedile anteriore.

Questo allora prende la pistola si gira e le spara e la prende in fronte, ecco perché c'è un bossolo all'interno della macchina"[22].

---

[21] Santo Pirrotta, *Non dimenticherò mai le telefonate del Mostro*, Il Giorno, 20 febbraio 2004.

[22] G. Brunoro, P. Cochi, J. Pezzan, op. cit.

Secondo questa ricostruzione dunque l'attacco è stato fulmineo e preciso e ha inchiodato i due ragazzi sul sedile posteriore quando l'auto si trovava ancora nella piazzola. A questo punto il Mostro sarebbe salito sulla macchina e avrebbe ingranato la retromarcia per spostare la macchina da quel luogo troppo esposto. Secondo questa seconda ricostruzione il Mostro avrebbe perso il controllo del mezzo per un attimo, forse distratto dalla reazione di uno dei ragazzi ferito in maniera non mortale durante l'assalto, e sarebbe quindi finito dentro al fosso con le ruote posteriori. Constatata l'immobilità del mezzo e, forse, impaurito dalla vista di alcune macchine di passaggio, sarebbe uscito dalla vettura, avrebbe chiuso la porta e si sarebbe liberato delle chiavi. Bene, ma la macchia di sangue?

Forse il Mostro ha colpito i ragazzi mentre erano sulla piazzola, con Paolo al volante dell'auto intento a mettere in moto e Antonella che invece si trovava ancora dietro. Secondo questa ricostruzione il killer sarebbe entrato nell'auto dalla parte del guidatore sedendosi sul corpo del ragazzo, o spostandolo nel sedile posteriore, e avrebbe prodotto quella striscia di sangue perpendicolare che si vede nelle foto dell'epoca. Il killer avrebbe quindi inserito la retro perdendo però il controllo del mezzo per qualche motivo e il resto lo sappiamo.

La dinamica di questo omicidio resta a ogni modo uno dei misteri più dibattuti nelle indagini sui delitti del Mostro di Firenze. A seconda di come decidiamo di leggere gli elementi in nostro possesso infatti possiamo ipotizzare scenari completamente diversi che lasciano aperte molte domande: dove voleva andare il Mostro quando si è messo al volante dell'auto? Voleva solo spostare il mezzo di pochi metri per operare le sue escissioni a lato strada, o aveva già predisposto un luogo più sicuro nei paraggi in cui agire indisturbato?

In questo caso si tratterebbe di un comportamento adottato solo in questo omicidio o di un modus operandi già sperimentato in precedenza?

Se, invece, prendiamo per buona la ricostruzione ufficiale viene da chiedersi perché tanto accanimento nel portare a termine un assalto ormai compromesso in partenza dalla reazione di una delle vittime. Per quale motivo continuare un'azione assumendosi così tanti rischi, visto che la strada sarebbe stata probabilmente percorsa da qualcuno di lì a poco? Non sarebbe stato meglio ritirarsi subito e far perdere le proprie tracce?

Qualcuno ipotizza che un comportamento così avventato da parte dell'assassino sia dovuto dalla necessità di celare la sua identità. In altre parole si pensa che il Mostro avesse paura di essere stato riconosciuto dalle vittime, o che avesse fornito involontariamente elementi tali, nel vestiario per esempio, da temere di essere identificato e di conseguenza rintracciato.

Paolo Mainardi è ancora vivo quando arrivano i soccorsi, caso unico in tutta la sanguinosa storia dei delitti del Mostro di Firenze. Il povero ragazzo viene trasportato d'urgenza all'ospedale ma, come abbiamo già ricordato, non riprenderà mai conoscenza.

Trappola al Mostro

Il procuratore Silvia della Monica, come abbiamo visto, decide di far arrivare ai giornalisti notizie che suggeriscano che Mainardi prima di spirare abbia fornito dettagli utili alle indagini. La speranza è che l'assassino, messo sotto pressione dagli articoli pubblicati sulla stampa, faccia un passo falso ed esca allo scoperto. Vediamo come i giornali dell'epoca riportarono questa "trappola" al Mostro:

«La voce è stata raccolta nei corridoi della Procura della Repubblica e ha tutta l'aria di non essere campata in aria. Paolo Mainardi, il giovane ventiduenne ucciso sabato sera dal mostro nei pressi di Monstespertoli mentre si trovava in compagnia della fidanzata Antonella Migliorini, avrebbe fatto agli inquirenti, prima di morire all'ospedale di Empoli, una indicazione ritenuta particolarmente importante nella disperata caccia al feroce assassino.

La notizia non è stata confermata ma neppure smentita. La giovane vittima avrebbe farfugliato poche parole prima di perdere conoscenza. Un nome? Il colore dell'abito indossato dal mostro? Tutte le ipotesi sono buone. Gli inquirenti tacciono, nel timore di inquinare l'unico indizio dopo i lunghi, inutili mesi di indagini. Il più assoluto riserbo è quanto mai legittimo»[23].

L'intuizione del procuratore Della Monica è corretta dato che il Mostro, probabilmente preoccupato da questa fuga di notizie pilotata dagli inquirenti, decide di entrare in azione. Purtroppo però anche in questa occasione

---

[23] Paolo Santedicola, *Forse Paolo poco prima di morire ha fornito una traccia sul mostro*, La Città, 22 giugno 1982

non commetterà nessun passo falso. Nei giorni successivi al delitto Allegranti, il cui nome era apparso sui giornali, riceve una telefonata inquietante. Una persona senza particolari accenti, qualificatasi come "inquirente", gli chiede di riferire cosa avrebbe detto Mainardi prima di morire. Al rifiuto netto di Allegranti di fornire informazioni telefonicamente lo sconosciuto avrebbe interrotto la comunicazione. Dopo pochi secondi però il telefono squilla di nuovo. Questa volta la misteriosa voce si sarebbe qualificata in modo preciso dicendo di essere il Mostro di Firenze e minacciando Allegranti di non riferire a nessuno di quella chiamata. Ma il Mostro fa di più, telefona anche al quotidiano La Nazione:

«Mancano pochi minuti alle 8 quando il telefono del nostro giornale squilla. All'apparecchio una voce maschile: "Sono il mostro". C'è ovvia incredulità in chi riceve la telefonata. La cosa sembra troppo grossa per non essere risibile, sembra fatta apposta per un film dell'orrore. Chi ha preso il telefono prova anche a rispondere con una battuta. L'altro ribadisce: "Sono il mostro". E nell'attimo di silenzio che segue aggiunge: "Non mi prenderete mai". Poi riattacca. La notizia della sinistra telefonata rimbalza all'interno della redazione e poco dopo anche negli uffici della procura della Repubblica. Nessuno azzarda valutazioni. Un mitomane? Uno "scherzo" di pessimo gusto O davvero lui?. Viene ricordato lo strano episodio rimasto sempre oscuro della telefonata fatta in casa di una zia di Susanna Cambi, una delle vittime del mostro, la notte stessa del delitto, il 22 ottobre 1981, quando erano già cominciate le ricerche dei ragazzi»[24].

---

[24] Mario Spezi, *Una telefonata: "Sono il mostro". Anche questo era già accaduto*, La Nazione, 20 giugno 1982

Allegranti dichiarerà di aver ricevuto un'altra telefonata dalla stessa persona nel 1984 presso la pensione nella riviera romagnola dove stava trascorrendo le ferie. Secondo Allegranti le telefonate di questo misterioso sconosciuto sarebbero continuate in vario modo fino al 1985:

"Subito dopo i funerali dei giovani alle due di notte mi svegliò una telefonata: "Se parla colpirò ancora, farò una strage" mi disse una voce in un italiano perfetto, senza inflessioni dialettali. Mi face capire che sapeva tutto di me". Quella voce ha perseguitato Allegranti: a casa, in azienda. Sempre al telefono. "Forse - spiega - qualche volta ci siamo pure incontrati. Ma questo non lo saprò mai. […] Allegranti ripete che la voce del Mostro non la dimenticherà per il resto della sua vita: "Saprei riconoscerla fra mille" […]»[25].

Eppure il suo telefono non venne mai messo sotto sorveglianza dagli inquirenti. Questa, per Nino Filastò, è una delle zone grigie più inquietanti di tutto il caso:

«Allegranti può dire qualcosa, che non è quello che molto intelligentemente gli ha fatto credere la Della Monica, e cioè che il ragazzo era vivo e che in ambulanza aveva detto qualcosa. Intendo qualcosa che può aver visto lui, direttamente Allegranti, dopo che si è avvicinato quasi subito. Cosa? La macchina della polizia. Il che fa il paio con Enzo Spalletti. Perché Spalletti viene anche lui terrorizzato con le telefonate fatte alla famiglia? Che può aver visto Spalletti? La macchina, con quella sua luce azzurra sopra…»[26].

---

[25] Santo Pirrotta, *op. cit.*

[26] G. Brunoro, P. Cochi, J. Pezzan, op. cit.

Colpo di scena

Dopo il duplice omicidio di Baccaiano si verifica uno degli episodi più difficili da decifrare in tutta questa brutta storia. Un episodio che, molto probabilmente, ha cambiato in maniera irreversibile il corso delle indagini sui delitti del Mostro.

Un maresciallo dei carabinieri, Francesco Fiori, si ricorda infatti di un vecchio omicidio con caratteristiche molto simili a quelli compiuti dal Mostro di Firenze. Si tratta di un omicidio avvenuto molti anni prima, per la precisione quattordici, quando il maresciallo Fiori era di servizio in località Signa. Per quell'omicidio però c'è già un colpevole che di sicuro non poteva aver commesso per lo meno uno degli assassinii del Mostro, quello del '74, perché all'epoca dei fatti era rinchiuso in carcere.

Gli inquirenti comunque decidono di andare a rivedere il faldone di quel caso dimenticato, che per una questione di competenza territoriale tra procure si trovava a Perugia. Dopo tutti quegli anni i reperti di un caso passato in giudicato in teoria avrebbero dovuto essere già distrutti, ma invece con un incredibile colpo di fortuna vengono trovati alcuni bossoli di pistola calibro .22, bossoli che dalla perizia balistica risultano esplosi dalla stessa arma utilizzata dal Mostro. Fin qui la versione ufficiale. Da alcune indiscrezioni uscite a mezzo stampa all'epoca, così come da alcune testimonianze di persone coinvolte nella vicenda, pare invece che la segnalazione o meglio, la soffiata, con l'indicazione di andare a rivedere il caso del 1968, sia arrivata ai Carabinieri attraverso una serie di segnalazioni anonime. La notizia trapela nei giornali nel novembre dell'82 in concomitanza con la notifica del mandato d'accusa a Francesco Vinci, manovale sardo vicino a Stefano Mele, marito della

I DELITTI DEL MOSTRO DI FIRENZE

vittima e già condannato per l'omicidio del 1968,   che faceva parte del cosiddetto "clan dei sardi":

«Il delitto di Signa è difatti legato al mostro da un elemento che gli inquirenti sembrano aver sicuramente accertato: la pistola è la stessa che avrebbe poi sparato a Borgo San Lorenzo, a Scandicci, a Calenzano, a Montespertoli, con identica ferocia. In carcere da mesi sotto accusa ufficiale di maltrattamenti familiari, da venerdì scorso un uomo è colpito da mandato di cattura per il duplice omicidio di Signa. Si chiama Francesco Vinci, 40enne manovale sardo residente a Montepulciano Fiorentino. Nel carcere delle Murate gli è stata notificata anche una comunicazione giudiziaria per gli otto morti fin qui imputati al mostro»[27].

Mario Spezi ricostruisce così questo episodio:

«Si viene a sapere che qualcuno, forse un maresciallo dei carabinieri, un certo maresciallo Fiori, si sarebbe ricordato che già nel '68 un altro delitto, anche se nulla di maniacale ma comunque nei fronti di una coppia, era stato commesso vicino a Firenze, a Lastra a Signa con una Beretta calibro. 22 che non era mai stata ritrovata. E questa è stata sempre la versione ufficiale fornita alla stampa.

Qualche anno dopo, parlando con il giudice istruttore, come si chiama allora, Vincenzo Tricomi, che era il giudice istruttore del caso del Mostro, mi disse che le cose non stavano esattamente così, ma che era arrivata con una busta anonima ai carabinieri la pagina

---

[27] Riccardo Catola, *La pistola è la stessa che uccise una coppia di amanti 14 anni fa*, La Nazione, 15 novembre 1981

del giornale La Nazione dell'epoca che riportava il delitto del '68. Sopra qualcuno aveva scritto a penna "perché non andate a vedere gli atti del processo a Perugia", perché poi in effetti per motivi procedurali il processo d'appello si era celebrato a Perugia.

Il giudice Tricomi mi disse di aver avuto questo giornale tra le mani e di averlo riconsegnato ai carabinieri e che tempo dopo, quando lo richiese, gli venne risposto che era andato smarrito. Quando io chiesi all'allora sostituto procuratore Piero Luigi Vigna dell'esistenza di questo documento la risposta fu "non esiste agli atti"...."[28].

L'ex Tenente Colonnello dei Carabinieri Olinto Dell'Amico si ricorda molto bene di questo particolare:

«Non ci fu nessuna lettera, la segnalazione fu soltanto orale, lo ricordo perché io ero in ufficio. Il Maresciallo Fiori un sottufficiale che prestava servizio presso il Nucleo informativo dell'allora gruppo di carabinieri di Firenze, la mattina venne su da me in ufficio e mi disse "Ci dovrei dire una cosa", e siccome lui a quel tempo prestava servizio a Signa, fece presente che praticamente nel '68 a Signa c'era stato un duplice omicidio effettuato con una pistola dello stesso tipo e dello stesso calibro.

Io allora telefonai al giudice istruttore, Tricomi, e gli dissi "Dottore guardi il Maresciallo Fiori è venuto e mi ha detto questo e questo". Poi andai in tribunale all'ufficio istruzione e facemmo delle ricerche.

Mi ricordo che mandai un sottufficiale del nucleo investigativo che andò in archivio, mi sembra ad Ancona ma non vorrei sbagliare... a Perugia o ad Ancona, a prendere il fascicolo. Nel fascicolo erano allegati alcuni

---

[28] G. Brunoro, P. Cochi, J. Pezzan, op. cit.

reperti fra cui una busta con i bossoli che sono stati repertati nel 1968»[29].

Sentiamo a questo proposito l'ex procuratore Piero Luigi Vigna:

«Diversi anni dopo, un sottufficiale dell'arma dei carabinieri, che faceva servizio all'epoca a Signa dove erano stati uccisi la Locci e il Lo Bianco, riguardando il fascicolo di quell'omicidio trova un bossolo che viene poi comparato con i bossoli esplosi in occasione degli omicidi, quindi con le tracce lasciate dal percussore. Risulta   che era stata usata la stessa arma"[30].

C'è anche chi si è convinto che tutta questa operazione sia stata fin dall'inizio un colossale depistaggio messo in atto dal Mostro, con o senza la collaborazione di un complice con forti aderenze nel tribunale di Perugia. Si tratterebbe di una persona in grado di inserire artatamente dei bossoli del Mostro in un fascicolo che non c'entrava nulla con quel caso, portando da quel momento gli inquirenti in una direzione nuova e, forse, compromettendo per sempre l'esito delle indagini. Vedremo poi che la città di Perugia entrerà a più riprese nella storia del Mostro, elemento questo che alimenterà ulteriormente sospetti e ombre su questo fortunoso ritrovamento. I fautori di quest'ultima tesi di conseguenza ritengono che l'omicidio del 1968 non vada incluso nella serie dei delitti del Mostro, escludono cioè che la pistola che ha sparato a Signa sia la stessa dei delitti successivi, o che comunque l'arma sia passata di mano

[29] G. Brunoro, P. Cochi, J. Pezzan, op. cit.

[30] Ib.

e che quindi l'assassino non sia lo stesso. Va detto però che, da un punto di vista balistico, non c'è dubbio alcuno che i bossoli ritrovati sui luoghi di tutti i delitti del Mostro di Firenze, compreso quello del 1968 (ammesso e non concesso che a commettere quel duplice omicidio sia stato anche in quel caso il Mostro), sono stati sparati dalla stessa pisola. Chi sposa la tesi del depistaggio dunque si domanda perché il Mostro abbia messo in piedi questa macchinazione poche settimane proprio dopo il delitto di Baccaiano, dato che a quanto pare le lettere anonime sarebbero arrivate ai carabinieri proprio pochi giorni dopo questo omicidio (anche se a questo proposito non ci sono prove ma soltanto voci di corridoio).

È stata una coincidenza o, effettivamente, come sostengono in molti, a Baccaiano, il Mostro si era convinto di aver commesso un errore che potesse rivelarne l'identità? Forse il Mostro aveva paura che Paolo Mainardi avesse parlato prima di morire, rivelando quindi qualche dettaglio che permettesse di smascherarlo o di indirizzare le indagini in qualche modo, magari rivelando dettagli sul suo abbigliamento, o forse dicendo che l'attacco era stato compiuto da più di una persona? Purtroppo nessuno finora è riuscito a rispondere a queste domande.

A questo punto però riteniamo sia importante sottolineare un'incongruenza che, a nostro giudizio, mina profondamente le teorie che parlano di depistaggio per quanto riguarda il caso del vecchio faldone ritrovato a Perugia. Chi è convinto di questa teoria, infatti, parte dal presupposto che il Mostro avesse una serie di agganci nelle forze dell'ordine, agganci che gli hanno permesso all'epoca di manomettere della documentazione già archiviata dalle forze dell'ordine e dalla magistratura. Non stiamo parlando dunque di semplici amicizie o di contatti superficiali. Ma allora com'è possibile che il Mostro non fosse a conoscenza della "trappola" che gli era stata tesa? Com'è possibile che non fosse informato sul reale svolgimento delle indagini da parte degli inquirenti?

Domande, anche in questo caso, che sono destinate a rimanere prive di una risposta capace di mettere tutti d'accordo.

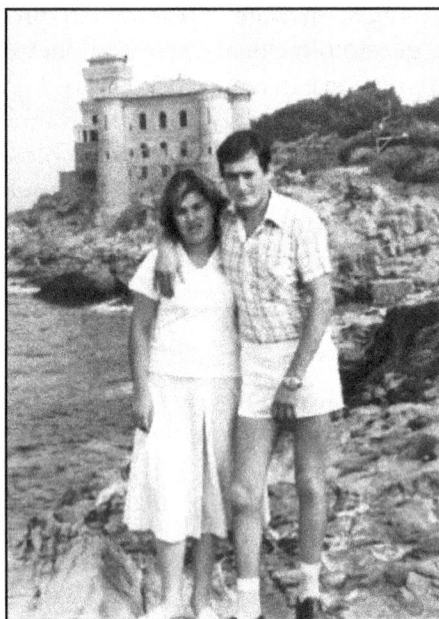

Antonella Migliorini e Paolo Mainardi
in una foto dell'epoca.

21 AGOSTO 1968
Località Lastra a Signa, 20 km circa da Firenze

Sono circa le 2 di notte del 21 agosto 1968. Il signor De Felice all'improvviso sente suonare alla sua porta. Quando si affaccia al balcone per vedere chi è la scena che si presenta ai suoi occhi è da film dell'orrore: nel bel mezzo della notte, solo e scalzo, c'è un bambino di 6 anni che gli dice semplicemente:

«Aprimi la porta perché ho sonno ed ho il babbo ammalato a letto. Dopo mi accompagni a casa perché c'è la mi' mamma e lo zio che sono morti in macchina».

De Felice a quel punto chiama subito i Carabinieri. Seguendo le indicazioni del bambino le forze dell'ordine arrivano fino alla macchina, dove effettivamente si trovano i corpi senza vita della madre del piccolo e del suo amante.

Secondo la versione ufficiale, dopo una serata passata al cinema, Barbara Locci, casalinga di 32 anni, e Antonio Lo Bianco, manovale di 29 anni, si erano appartati in cerca di intimità a poca distanza dal cimitero di Signa. All'interno dell'auto assieme ai due amanti c'era anche il figlio della Locci, Natalino. Barbara era sposata con Stefano Mele, padre di Natalino, e come lui era emigrata dalla Sardegna in Toscana alcuni anni prima. Le indagini prendono subito la direzione più ovvia, ovvero quella del marito geloso che perde la testa quando scopre la moglie che lo tradisce. Ma c'è un problema: Barbara aveva avuto molti amanti e la cosa non sembrava aver mai infastidito il marito che, anzi, forse vittima della situazione, accettava quel *ménage* senza grosse preoccupazioni.

Gli investigatori interrogano comunque Stefano Mele. L'uomo in un primo momento nega tutto, poi cerca di addossare delle responsabilità su altri sardi, alcuni dei quali erano stati amanti della moglie. Alla fine si addossa la colpa dell'omicidio e finisce in carcere.

Ecco come ci ha raccontato quell'episodio Olinto Dell'Amico che all'epoca era un giovane ufficiale dei carabinieri in forza alla caserma di Borgo Ognisanti:

«All'epoca comandavo il nucleo investigativo dei carabinieri di Firenze, ricordo che una mattina fummo svegliati e andammo a Lastra a Signa dove era stata rinvenuta una macchina con a bordo il cadavere di due persone, un uomo e una donna, che poi risultarono essere Barbara Locci e il suo amante, un certo Lo Bianco.

Vedemmo quello che era successo, erano stati uccisi a colpi d'arma da fuoco. Successivamente venne rintracciato il marito della Locci che si chiamava Stefano Mele. Venne portato in caserma a Lastra a Signa, da lì ci facemmo accompagnare nel posto in cui era stata rinvenuta la macchina con a bordo i due cadaveri, in località Castelletti. Ci facemmo precedere dal Mele perché ci portasse sul posto, dove effettivamente ci portò.

Lui fece un'osservazione: "Sì, la macchina è questa, però quando io sono venuto sul posto c'era la freccia di destra accesa". Tenete conto che quando eravamo intervenuti al mattino io avevo fatto spegnere la freccia dell'auto che era effettivamente accesa. Quindi non c'erano dubbi sul fatto che il Mele fosse stato lì.

La pistola del delitto era una Beretta calibro .22 e sul frontello del bossolo c'era stampigliata la lettera H. Gli stessi bossoli che poi furono rinvenuti in tutti gli altri duplici omicidi. Il bambino era senza scarpe perché erano rimaste in macchina. Aveva addosso un paio di calzini che erano puliti...

Il bambino aveva percorso circa due chilometri e mezzo, la distanza tra la macchina e la casa dove fu lasciato il bambino, che disse di essere stato accompagnato. Probabilmente era stato preso a cavalcioni da qualcuno che poi bussò alla porta e se ne andò»[31].

L'arma del delitto non verrà mai ritrovata. Mele dirà di averla gettata in un fosso, senza dare maggiori dettagli. Olinto Dell'Amico ci ha parlato anche delle indagini fatte sulla pistola in occasione di questo primo omicidio:

«Furono fatte indagini sulle pistole, sulla Beretta. Praticamente furono controllate tutte le armerie di Firenze e della Provincia di Firenze, per vedere chi erano i possessori di un'arma di questo tipo. Alcune armerie però erano state alluvionate nel '66 e quindi non si potè fare questo tipo di indagine perché i registri erano andati distrutti. Vennero fatti accertamenti anche presso la fabbrica, a Cardone Val Trompia su tutte le Calibro .22 che erano state fabbricate, dove erano state

---

[31] G. Brunoro, P. Cochi, J. Pezzan, op. cit.

mandate... fu un lavoro immenso fin dall'inizio»[32].

Caso chiuso, per lo meno fino al 1982 quando la provvidenziale memoria del maresciallo Fiori, o più probabilmente alcune lettere anonime, mettono in relazione questo delitto con quelli che stanno insanguinando la Toscana. Da quel momento tutta questa storia prende un'altra piega.

Sentiamo a questo proposito l'ex procuratore Silvia Della Monica:

«L'omicidio di Scandicci, credo che fosse del giugno del 1981, ci portò ad acquisire i bossoli e l'impronta lasciata dalla pistola sui bossoli, la famosa H sul bossolo, e successivamente ricordo che quando incominciò a interessarsi delle indagini anche Piero Luigi Vigna, devo dire coinvolto da me, iniziammo a tentare di ricostruire se vi erano stati dei precedenti.

E in una fortuita operazione di ricerca coordinata dal Maresciallo Fiori, all'epoca collaboratore di Vigna, ritrovammo allegati al fascicolo del '69, i bossoli dell'omicidio.

Questo ci consentì l'equiparazione con tutti i bossoli ritrovati negli omicidi successivi e ci portò a individuare un'unica arma, la tristemente famosa Beretta calibro .22, e un unico lotto di proiettili»[33].

A questo punto le attenzioni degli investigatori si spostano su Francesco Vinci, un pluripregiudicato sardo residente a Montelupo Fiorentino che era stato, tra le altre cose, uno degli amanti fissi della Locci.

---

[32] G. Brunoro, P. Cochi, J. Pezzan, op. cit.

[33] Ib.

Secondo Angelo Izzo, all'epoca procuratore a Firenze, le indagini si sarebbero dovuto concentrare invece su Salvatore Vinci, altro personaggio quantomeno discubile appartenente al clan dei sardi:

«Per numerosi elementi ho sempre creduto che Stefano Mele non solo non sia stato l'autore materiale dell'uccisione della moglie e del suo amante, ma non sia stato neppure presente sul luogo del delitto.

Il vero "cornuto" era Salvatore Vinci, primo amante di Barbara Locci nella cui abitazione aveva convissuto a lungo da padre-padrone. Era un *ménage a trois*: Barbara Locci, Stefano Mele e Salvatore Vinci.

[...] Siamo stati due volte a Villacitro e ho percorso in lungo e largo la Sardegna sino ad Alghero, La morte della Steri, detta "Barbarina", prima moglie 18enne di Salvatore Vinci, fu archiviata come suicidio. L'esame dell'incarto processuale ci indusse a sospettare che si fosse trattato in realtà di un omicidio avvenuto nel gennaio del '60 per "motivi d'onore".

Barbara Steri, infatti, aveva intrattenuto un rapporto adulterino con l'ex fidanzato. Si accertò che il matrimonio della Steri con Salvatore Vinci non fu matrimonio d'amore. A Barbarina fu imposto dal fratello, "amico intimo" del futuro marito. Apparve incomprensibile che la donna si fosse uccisa con il gas di una bombola già vuota.

Alcuni testimoni dichiararono che quella sera stessa, poco prima della sua morte, aveva riscaldato il latte al figlio Antonio, di appena un anno, utilizzando il fuoco di una vicina di casa»[34].

---

[34] Ketty Volpe, *Giudice rilancia: Pacciani non può essere il mostro*, Il Giorno, 24 novembre 1994.

Coinvolto nell'omicidio del '68 da una confessione poi ritrattata di Mele, Francesco Vinci era poi uscito senza nessuna accusa dalle indagini visto che alla fine per quel duplice omicidio era stato condannato Mele. Va detto che Francesco Vinci aveva tutte le carte in regola per essere considerato un mostro, era un uomo molto violento tanto che era stato denunciato in diverse occasioni per maltrattamenti alla moglie.

A questo proposito è molto interessante leggere la trascrizione di un colloquio avvenuto tra Natalino Mele, il bambino sopravvissuto al duplice omicidio di Barbara Locci e Stefano Bianco del 1968, e il padre Stefano, mentre quest'ultimo era detenuto in carcere

Natalino Mele: «*Babbo, non devi aver paura. Io quella notte non ti ho visto. Non ho visto nessuno. Se io avessi visto il mostro, da tempo mi avrebbe fatto fuori*».

Stefano Mele: «*Non potevi avermi visto, perché io non c'ero*».

Natalino: «*E perché hai confessato?*».

Stefano: «*Io ero il marito. I carabinieri, i tuoi zii, tutti in paese erano convinti che ero stato io a uccidere la mamma. Negli interrogatori mi hanno picchiato. Alla fine riescono sempre a farti dire quello che vogliono*».

Natalino: «*Ma perché hai accusato i Vinci e gli altri amanti della mamma?*».

Stefano: «*Perché mi hanno fatto un grande male. Alla fine erano diventati prepotenti*».

Natalino: «*Ma tu non li hai visti ucciderla?*»

Stefano: «*No, non li ho visti*».

Natalino: «*Dunque non devi accusarli*».

Stefano: «*Ma sono convinto che siano stati loro a ucciderla*».

Natalino: «*Basta babbo! Se non li hai visti, non puoi saperlo. Non devi continuare ad accusare gente perché a te hanno fatto del male. E poi, perché hai accusato gli zii Giovanni e Pietro?*».

Stefano: «*È stato il giudice Rotella a farmelo dire.*

Mi ha fatto confondere. Anche quest'ultima volta che mi ha tenuto in galera, ha tentato di farmi dire altre cose. Per convincermi a parlare, mi ha detto che tu eri morto. Che il tuo cadavere era stato trovato nei boschi»[35].

Per quanto riguarda i delitti del Mostro di Firenze gli inquirenti accertano la presenza di Francesco Vinci nei pressi dei luoghi dei delitti in periodi coincidenti con quelli degli omicidi e così senza pensarci due volte lo arrestano. Quando è ancora in carcere però ecco che succede qualcosa, qualcosa che tutti forse temevano, ma che nessuno credeva potesse davvero succedere. Il Mostro, quello vero, torna a colpire.

---

[35] Giovanni Terzi, *"Io sopravvissuto al mostro di Firenze. Non era Pacciani"*, Libero Quotidiano, 3 agosto 2020.

Sopra Barbara Locci, Antonio Lo Bianco
e il piccolo Natalino Mele; sotto invece
la Giulietta all'interno della quale vennero
ritrovati di cadaveri di Locci e Lo Bianco
(foto pubblicate dal quotidiano Il Giorno).

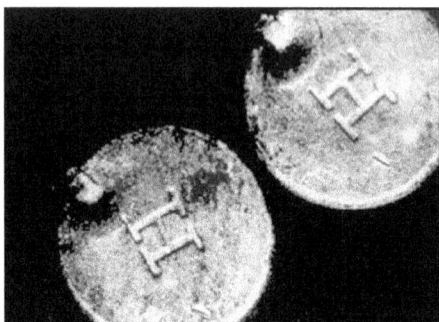

I bossoli Winchester serie H utilizzati dal Mostro
di Firenze con l'inconfondibile marchio
del percussore della Beretta sul fondello.

9 SETTEMBRE 1983
Località Giogoli, 10 km circa da Firenze

L a scena che si presenta agli occhi di Rolf Reinecke, il primo a scoprire l'ennesimo duplice omicidio del Mostro, è a dir poco surreale. Parcheggiato a pochi metri da villa "La Sfacciata", dove all'epoca risiedeva, si trova un furgoncino volkswagen di quelli resi famosi dai film *on the road* americani. Il mezzo ha targa tedesca e dall'autoradio continuano a uscire ossessive le note della colonna sonora di "Blade Runner", rimandate all'infinito dall'autoreverse del mangianastri. Sul terreno sono sparsi dei bossoli Winchester calibro .22 serie H. In prossimità del furgone vengono ritrovate alcune pagine di una rivista pornografica di carattere omosessuale.

Ecco come ricorda quell'episodio l'ex sostituto procuratore Silvia Della Monica:

"Se non ricordo male il delitto poteva essere un errore ma poteva anche essere qualcosa che avveniva in seguito all'arresto di Vinci, il primo dei fratelli Vinci.

Francesco Vinci era la pista sarda. Aveva molti problemi familiari, era un altro soggetto incline a reati che oggi si definirebbero di genere, perché maltrattava la moglie, e noi infatti lo arrestammo per maltrattamenti in famiglia.

Mentre Vinci era detenuto per questo reato avvenne un nuovo omicidio. Ci sarebbe da chiedersi in via semplicemente storica se quell'omicidio fosse stato commesso per liberare un soggetto che era detenuto o per un errore come appariva, perché i due tedeschi potevano essere scambiati per una coppia. Uno dei due aveva sembianze molto femminili, per chi guardava di notte attraverso i vetri di una roulotte poteva apparire una donna. Però se si deve fare una ricostruzione storica e non processuale ci sta tutto»[36].

Le vittime questa volta sono due ragazzi tedeschi di 24 anni, entrambi studenti all'università di Munster, Horst Meyer e Jens-Uwe Rush. I due giovani stavano trascorrendo le loro vacanze in Italia. Il Mostro ha colpito i due ragazzi mentre si trovavano a bordo del loro furgoncino, forse intenti a leggere ascoltando la musica, o magari semplicemente a chiacchierare del più e del meno. I colpi sono stati tutti molto precisi, ma del resto ormai sappiamo che il Mostro è un tiratore molto abile. Alcuni colpi sono stati sparati dall'esterno del veicolo e hanno attraversato la fiancata del furgone. In particolare la perizia stabilirà che i primi due colpi sono stati esplosi da una distanza di circa 40 centimetri dal vetro sul lato destro. Poi il Mostro si sarebbe spostato sulla fiancata sinistra del furgone e da qui avrebbe esploso altri tre colpi. A questo punto sarebbe infine entrato all'interno del mezzo, dove avrebbe sparato gli ultimi due

---

[36] G. Brunoro, P. Cochi, J. Pezzan, op. cit.

colpi. Le analisi fatte sull'angolazione dei fori di entrata dei proiettili rinvenute sulla carrozzeria stabiliscono che l'altezza del killer dovrebbe essere di circa 180 centimetri o forse anche di più, ma anche su questo punto non mancano contestazioni da parte di chi ritiene che l'altezza del killer potrebbe benissimo essere inferiore, visto che molto dipende dalla tecnica di sparo adottata.

Dopo questo ennesimo duplice delitto l'opinione pubblica e gli investigatori ripiombarono di nuovo nel buio: perché uccidere due uomini? Si era trattato di un errore del Mostro oppure c'era stata premeditazione nella scelta delle vittime? In altre parole il killer aveva scambiato una delle vittime per una ragazza, come ci ha raccontato Della Monica, e quindi era convinto di trovarsi di fronte all'ennesima coppia appartata in intimità, o aveva voluto colpire proprio una coppia di uomini, forse perché li riteneva omosessuali? Aveva ucciso due stranieri perché non riusciva a trovare coppie italiane, oppure aveva avuto modo di individuare, seguire e massacrare proprio questi ragazzi per qualche motivo particolare?

Secondo alcuni poi la rivista omosessuale trovata nei pressi del furgone dal titolo Golden Gay in realtà sarebbe stata portata lì addirittura dal Mostro, come testimonierebbero l'ottimo stato di conservazione della carta e la totale assenza di impronte. Questo, per alcuni, proverebbe che il Mostro premeditava con cura le sue azioni: portando con sé quella rivista il serial killer avrebbe preparato una macabra messa in scena per sviare le indagini degli inquirenti dopo aver deciso di uccidere per la prima volta una coppia di uomini. Purtroppo, come al solito in questa vicenda assurda, si tratta soltanto di supposizioni che possono anche essere suggestive da un punto di vista puramente intellettuale, ma che poi non sono supportate da riscontri concreti. Dai giornali dell'epoca emerge peraltro in maniera evidente che gli inquirenti brancolano nel buio, come si può leggere in prima pagina sul quotidiano La Città:

«"C'è qualcuno che sa e sarebbe l'ora che parli", così ha detto ieri il sostituto procuratore Piero Luigi Vigna, che si occupa dei delitti del mostro. "L'assassino - ha proseguito - non può essere un eremita, qualcuno deve conoscerlo, ma non lo dice. Come si fa a vivere con dentro un peso così tremendo?".

Tra gli inquirenti serpeggia un timore che il mostro, che ancora una volta non ha potuto completare la sua opera, torni a colpire. Anche nel giugno '82 non riuscì a eseguire il macabro rituale della asportazione del pube»[37].

Francesco Vinci esce di scena

Francesco Vinci, che per tutti era ormai il Mostro, a questo punto non può essere l'assassino dato che era in carcere. Viene dunque scarcerato:

«Francesco Vinci, 43 anni, il muratore sardo accusato per diversi mesi di aver ucciso, nell'agosto del 1968, Barbara Locci e il suo amante Antonio Lo Bianco e indiziato per gli altri duplici omicidi attribuiti al maniaco delle coppiette è stato rimesso in libertà. Vinci era stato arrestato nel novembre del 1982»[38].

[37] Alessandro Fiesoli, *Cresce la paura. Il mostro potrebbe colpire presto*, La Città, 16 settembre 1983.

[38] *Francesco Vinci è tornato in libertà*, La Stampa, 31 ottobre 1984.

Francesco Vinci tornerà a far parlare di sé ancora a lungo. Alcuni anni dopo, infatti, verrà trovato incaprettato e carbonizzato all'interno della sua auto assieme ad un altro sardo, Angelo Vargiu. C'è chi ha ipotizzato che si sia trattato di un omicidio legato in qualche modo alla storia dei delitti del Mostro di Firenze. Più probabile che, viste le modalità molto marcate di questo crimine, si sia trattato semplicemente di un regolamento di conti all'interno della malavita sarda. Uscito di scena Francesco Vinci le attenzioni degli investigatori continuano a indirizzarsi sul mondo dei sardi che ruotavano attorno a Stefano Mele e sua moglie.

Ma in quegli anni gli inquirenti batterono comunque le piste più disparate, come ci ha raccontato l'ex procuratore Pier Luigi Vigna:

«Presi le indagini verso il 1982, indagini fatte insieme ai miei colleghi Canessa e Della Monica. Erano indagini particolarmente stressanti.

Io ricordo che fingevamo, o almeno io fingevo in me stesso, la sera soprattutto a casa, di essere il Mostro, per dire come mi sarei comportato.

Per esempio una sera mi venne in mente che la famigerata pistola Beretta Calibro .22 l'avrei nascosta nella cassetta di sicurezza di una banca, per estrarla poi quando dovevo colpire, per poi rimetterla a posto dopo fatto quello che dovevo fare. Da qui prendemmo spunto per effettuare l'esame, uno dei tanti purtroppo andati a vuoto, di tutte le cassette di sicurezza degli istituti assicurativi di credito di Firenze»[39].

---

[39] G. Brunoro, P. Cochi, J. Pezzan, op. cit.

Così, sulla base di una serie di indizi e di alcune parziali dichiarazioni di Stefano Mele che li coinvolgevano nell'omicidio di Barbara Locci e Antonio Lo Bianco, vengono incarcerati Giovanni Mele, fratello di Stefano, e suo cognato Piero Mucciarini. Sono ancora in carcere quando avviene un altro delitto.

Le forze dell'ordine accanto al furgoncino
Wolskwagen in cui vennero uccisi Horst Meyer
e Jens-Uwe Rush.

29 LUGLIO 1984
Località Boschetta di Vicchio, 30 km circa da Firenze

Pia Rontini ha 18 anni ed è stata assunta da poco come barista presso un bar non lontano da casa. Quella sera a causa di cambio turno dell'ultimo momento rientra prima del previsto e così riesce a cenare con la madre. Verso le 9 di sera, su suggerimento della madre, esce per andare a raggiungere il suo fidanzato, Claudio Stefanacci, studente di 21 anni. Insieme decidono di andare a fare una passeggiata.

Verso le 21.45 un cacciatore che si trova a passare nella zona assieme alla moglie sente distintamente il rumore di cinque colpi di arma da fuoco. Verso le tre di notte, quando le famiglie dei due giovani sono da ore allarmate per il loro mancato rientro, viene ritrovata l'automobile parcheggiata in località Boschetta, a pochi minuti da casa di Claudio. La FIAT Panda ha il finestrino del lato passeggero in frantumi e i sedili anteriori ribaltati in avanti. Il corpo di Claudio si trova senza vita sul sedile posteriore. È stato raggiunto da tre colpi di arma da fuoco che, con ogni probabilità, non ne hanno determinato immediatamente la morte. Sul suo corpo anche dieci ferite di arma da taglio inferte con grande violenza ed accanimento.

Leggiamo come il criminologo Francesco Bruno ha ricostruito il modus operandi del Mostro:

«Solo dopo aver sparato e dopo aver ucciso, o comunque dopo essere ragionevolmente sicuro di aver messo fuori combattimento i due, lui apre la portiera, e questo in qualsiasi posizione sia parcheggiata l'automobile, e accoltella l'uomo.

Perché fa questo? Perché visto che si prepara a fare un'operazione chirurgica vera e propria, un'operazione che richiede grande concentrazione, lui non può pensare che la vittima maschile sia soltanto in stato di morte apparente e che quindi si possa risvegliare e gli si lanci contro. Quindi ha la certezza di dover uccidere l'uomo ed essere sicuro di ciò, e infatti lo fa tutte le volte. È un eccesso di prudenza ma non rinuncia mai fare questa operazione"[40].

Pia invece si trova a pochi metri dall'auto lungo un viottolo laterale. È stata raggiunta da alcuni colpi di pistola molto precisi quando ancora era all'interno dell'abitacolo. Con ogni probabilità ha perso immediatamente conoscenza. Ha subito l'asportazione del pube così come quella del seno sinistro. Sulla portiera destra dell'auto viene rilevata un'impronta che si ritiene lasciata dal ginocchio dell'assassino nell'atto di sparare. I rilievi antropometrici condotti su questa traccia portano a confermare l'altezza del Mostro in 180 centimetri, come nel caso della stima fatta dopo l'omicidio dei due ragazzi tedeschi. Tutto intorno all'auto non vengono rilevate

---

[40] G. Brunoro, P. Cochi, J. Pezzan, op. cit.

tracce lasciate dal killer in fase di allontanamento. La cosa è piuttosto strana dato che il luogo è circondato da un campo di erba medica e, soprattutto, viste le condizioni di pessima visibilità di quella zona di notte. Per i più questa è una conferma del fatto che il Mostro scegliesse, o per lo meno perlustrasse, i luoghi degli assalti prima degli omicidi per familiarizzare con eventuali insidie e per studiare una via di fuga.

Anche il criminologo Francesco Bruno è di questo parere:

«Lui va in zone dove vanno queste coppiette, ma sono tutte zone in cui non ci sono mai due o tre macchina, ma soltanto una macchina per volta. Lui ha sempre agito quando la macchina era una sola, altrimenti avremmo un mare di testimoni, che non c'era, evidentemente.

Dalla lettura di questi omicidi non emergono elementi di casualità, se non rare volte. Mentre emerge invece un piano accurato, attento ed accorto ripetuto ogni volta. È una persona che impara dall'esperienza.

Il quadro degli omicidi è il seguente: lui arriva in ogni caso in un momento subito dopo l'arrivo della coppia, o forse subito prima perché magari ha osservato la coppia in precedenza, sa che andrà lì, di questo è abbastanza sicuro, e la va ad attendere sul luogo. Questo gli consente di mimetizzarsi meglio con le caratteristiche del luogo e di essere certo di non essere visto dalla coppia. Ma lui ha modo di osservare la coppia e quindi interviene solo in un determinato momento. Questo momento, è evidente dall'analisi dei singoli eventi, è il momento in cui una coppia passa da quello che può essere considerato un petting spinto all'atto sessuale vero e proprio.

Ho analizzato attentamente tutti i luoghi e mi sono reso conto che il Mostro li conosce molto bene perché riesce a mettere la sua vittima femminile in una posizione da cui lui può osservare tutte le vie di accesso al luogo. È chiaro che un intervento come quello che lui vuole fare non si fa in cinque minuti, forse ce ne vogliono dieci, ma quando tutto è preparato, forse ci vuole anche un quarto d'ora. Per poter fare tutto quello che lui vuole fare deve poter operare comodamente, cosa che fa su una specie di tavolo anatomico costituito dal terreno che è un po' sopraelevato e poi lui, probabilmente accovacciato, fa le sue operazioni. Deve però illuminarsi con qualche cosa, perché in quei luoghi a quell'ora non c'è luce, e quindi deve avere delle torce. Forse ha una luce di quelle che vengono utilizzate dai medici, che sono le migliori per agire in questa situazione. Molte cose del Mostro di Firenze ricordano la figura del medico, una potrebbe essere una di queste»[41].

È proprio dopo il duplice delitto di Boschetta di Vicchio che viene creato la SAM, ovvero la Squadra Anti Mostro, come annunciano con titoli roboanti i giornali nell'agosto dell'84:

«La procura ha deciso: "Gruppo specializzato contro il maniaco assassino". Squadra antimostro: magistrati, polizia e carabinieri lavoreranno insieme. L'omicida ha ancora almeno 45 copi per uccidere. "Le indagini ripartono da zero", spiega il procuratore»[42].

Ma torniamo al duplice omicidio. Anche in questo caso la vittima femminile pare avesse subito delle molestie nelle settimane precedenti il delitto. In particolare sembra

---

[41] G. Brunoro, P. Cochi, J. Pezzan, op. cit.

[42] Alessandro Fiesoli, Squadra antimostro, La Città, 2 agosto 1984.

che Pia avesse confidato a una amica danese di aver fatto dei brutti incontri presso il bar dove lavorava e di non sentirsi sicura perché qualcuno la seguiva. Baldo Bardazzi, l'ex gestore del bar di Borgo San Lorenzo, dichiarerà di riconoscere in Pia e Claudio una coppia di fidanzati che avrebbero consumato qualcosa nel suo bar quel pomeriggio. Ricorderà di aver visto anche un "signore distinto" dai capelli rossicci in giacca e cravatta che, ordinata una birra, si era seduto vicino alla coppia senza perderli di vista un momento. Quando i due ragazzi se n'erano andati anche lui si era alzato e li aveva seguiti. Questa testimonianza però, oltre a essere in contrasto con altre ricostruzioni della giornata delle vittime, non ha mai permesso agli investigatori di fare nessun concreto passo avanti.

Sentiamo a questo proposito Rosario Bevacqua, uno degli avvocati difensori di Pacciani:

«Noi riguardiamo questi episodi alla luce di quello che dicono i Bardazzi, che probabilmente sono gli unici che hanno visto l'assassino in faccia. Loro ci riferiscono una circostanza particolare, e cioè di come quest'uomo guardasse questi due ragazzi, e in particolare teneva la mano nella bocca quasi a fermare qualcosa che era più forte di lui. Evidentemente quest'uomo era lì a guardare questi ragazzi e gli veniva questa forma di malessere, di malattia, che poi avrebbe dato la stura all'omicidio che ci sarebbe stato alla sera. Che i ragazzi andavano lì a fare l'amore era circostanza conosciuta a molti, lo stesso cugino di Stefanacci che viene sentito dagli investigatori dice "io avevo detto a mio cugino di non andare più lì perché potevano essere visti". Probabilmente era cosa nota anche all'assassino»[43].

---

[43] G. Brunoro, P. Cochi, J. Pezzan, op. cit.

Pia Rontini e Claudio Stefanacci
in una foto dell'epoca.

Alcuni giornalisti sulla scena del crimine
a Vicchio subito dopo il rinvenimento dei cadaveri.
Nella foto è riconoscibile Mario Spezi
(a sinistra, pantaloni scuri, baffi e occhiali).

7 O 8 SETTEMBRE 1985
(DATA INCERTA)
Località Scopeti, 20 km circa da Firenze

Jean Michel Kraveichvili e Nadine Mauriot facevano campeggio libero con la loro tenda canadese nella campagna toscana. L'omicidio, secondo le ricostruzioni ufficiali, sarebbe avvenuto nella notte tra l'8 e il 9 settembre. Altri invece ipotizzano la notte tra il 7 e l'8, o addirittura la notte tra il 6 e il 7, stima effettuata in base allo stadio di sviluppo delle larve di mosca sul corpo della ragazza e una serie di altre prove di cui parleremo nelle prossime pagine.

Il dibattito sulla data esatta della morte di Kraveichvili e Mauriot è tutt'ora apertissimo, dato che l'intera ricostruzione processuale del caso si basa sul presupposto che i due ragazzi francesi siano stati uccisi la notte tra l'8 e il 9 settembre. Per la notte tra il 6 e il 7 settembre, infatti, Pacciani aveva un alibi solidissimo e quindi le confessioni di Lotti risulterebbero completamente inattendibili. Oltre al già citato dato scientifico dello stadio di sviluppo delle larve sui cadaveri c'è un altro dettaglio importante, come ha sottolineato l'avvocato Nino Filastò in una intervista concessa al giornalista Giangavino Sulas nel 2004:

«Siamo partiti da un dato apparentemente scontato, l'autopsia sui corpi dei giovani affidata allora a un luminare come il professor Mario Maurri. Cosa scoprì il medico legale? Scoprì che i due ragazzi avevano mangiato tagliatelle al ragù di lepre. Per la valutazione dell'ora di morte di una persona, il parametro relativo all'analisi del contenuto gastrico è il più certo. Non mente mai. Non può indurre in errore. Lo prova la medicina legale. Queste analisi indicano che l'epoca della morte dei ragazzi francesi è certamente da collocare circa due ore dopo il loro ultimo pasto. Questo dato, apparentemente non dice nulla, perché sappiamo che Nadine e Michele sono stati uccisi alla sera, quindi dopo cena.

Ma a questo punto sono entrati in scena Davide Canella e Maurizio Gagliardi. I due detective hanno setacciato tutti i ristoranti, le osterie e le locande della zona per scoprire chi e quando avesse cucinato le tagliatelle. E sa cos'hanno scoperto? Che le tagliatelle alla lepre erano state cucinate solto alla Festa dell'Unità della Cerbaia al venerdì e al sabato sera. Il cuoco non solo ha escluso categoricamente di averle preparate la domenica, ma ricordava anche di aver visto i due francesi. Aveva un solo dubbio: se avevano cenato da lui al venerdì o al sabato. Certo non la domenica. Perché, aggiungo io, alla domenica erano già morti"[44].

---

[44] Giangavino Sulas, Visto, *Una mosca e un super testimone scagionano il mostro di Firenze*, Visto, febbraio 2004.

Noi siamo portati a credere che la datazione corretta dell'omicidio sia la notte tra il 7 e l'8 ma, come abbiamo detto, il dibattito è ancora aperto tra gli esperti. Come avremo modo di vedere dunque anche per quanto riguarda questo duplice omicidio esistono ricostruzioni diverse.

È notte. I due ragazzi francesi stanno facendo l'amore all'interno della loro tenda immersa nell'oscurità di una piazzola a San Casciano Val di Pesa, località Scopeti. Secondo una prima ricostruzione il killer si sarebbe dapprima avvicinato alla coppia dal lato della tenda rivolto verso la piazzola, avrebbe tagliato il telo esterno della canadese, e poi si sarebbe spostato sul lato opposto. Qui avrebbe aperto il fuoco. La ragazza, che con ogni probabilità si trovava distesa sopra Jean Michel, sarebbe morta immediatamente, raggiunta al corpo da una serie di colpi letali. Il ragazzo, invece, sarebbe stato colpito solo di striscio. Il giovane, completamente nudo, sarebbe riuscito a guadagnare l'uscita della tenda e a percorrere alcuni metri nel buio della notte prima di essere raggiunto dal Mostro, che l'avrebbe finito a colpi di coltello. Il suo corpo verrà ritrovato a pochi metri di distanza dall'automobile, parzialmente coperto da dei coperchi di alcuni bidoni che si trovavano nei paraggi. Una volta massacrato il ragazzo il Mostro sarebbe tornato sui suoi passi e, secondo questa prima ricostruzione, avrebbe compiuto le sue macabre escissioni all'interno della tenda.

Secondo una diversa ricostruzione invece il Mostro avrebbe dapprima spostato la ragazza all'esterno per avere maggiore libertà di movimento e, forse, anche per presidiare meglio il luogo. Avrebbe poi riportato il corpo all'interno della tenda, probabilmente con l'obiettivo di ritardarne il più possibile il ritrovamento da parte delle forze dell'ordine. Alla donna vengono asportati il pube e il seno sinistro. Questa volta il Mostro decide di utilizzare il macabro feticcio in modo sinistro, come ci ha raccontato Mario Spezi:

«In quella occasione secondo me l'assassino aveva progettato una terribile beffa ai danni degli inquirenti. Dopo l'omicidio, con i corpi nascosti e il delitto non scoperto, il mostro andò a San Piero a Sieve, che è un comune a 30-40 km da Firenze, nel Mugello, e spedì dentro a un busta un piccolo lembo del seno amputato alla ragazza alla procura di Firenze. Anzi, all'unica donna che all'epoca indagava sul caso e cioè all'allora sostituto procuratore Silvia Della Monica.

Il piano era questo: se arrivava questa busta in tempo gli inquirenti avrebbero scoperto attraverso quel piccolo pezzo di carne umana che c'era stato un delitto. Quindi, con l'occhio dei media di tutto il mondo puntato su di loro, non solo dovevano cercare l'assassino, ma anche le vittime»[45].

Lunedì 9 settembre un cercatore di funghi che nel primo pomeriggio si trova a passare nei paraggi delle piazzola intravede tra le frasche il corpo di Jean Michel e lancia subito l'allarme. Le forze dell'ordine giunte sul posto scoprono il cadavere di Nadine nella tenda e in breve identificano entrambi i corpi.

[45] G. Brunoro, P. Cochi, J. Pezzan, op. cit.

Messaggi inquietanti

Martedì 10 settembre giunge agli uffici della procura di Firenze una busta indirizzata testualmente al "Dott. Della Monica Silvia Procura della Republica". Della Monica però non si occupa più del caso del Mostro di Firenze da circa un anno. La busta viene comunque aperta dai cancellieri. Al suo interno viene trovato un lembo del seno di Nadine Mauriot. L'indirizzo sulla busta è stato composto incollando lettere ritagliate da rotocalchi popolari. Le lettere sono ritagliate con una lama e non con una forbice come stabiliranno successivamente le perizie. La busta presenta un evidente errore di ortografia con la parola Repubblica che è stata scritta con una "b" sola. Anche l'anteposizione del cognome al nome per alcuni rappresenterebbe un basso livello culturale del Mostro di Firenze. Per altri si tratterebbe solo di astuti depistaggi volti a portare l'attenzione degli inquirenti verso ceti sociali e culturali più modesti rispetto a quello dell'assassino. Viene stabilito che la busta è stata imbucata al più tardi lunedì mattina da San Piero a Sieve, a quasi 60 chilometri dal luogo del duplice omicidio. Sulla busta non vengono repertate tracce o impronte di nessun tipo.

La stessa Silvia Della Monica ha ricordato per noi quell'episodio:

«Certamente non mi sembrava un personaggio semplice, né a me né a Piero Vigna, con cui ho molto collaborato nella mia vita. La cosa che mi colpì di più fu naturalmente la lettera che mi arrivò dopo l'omicidio di Nadine Mauriot e del suo compagno. Io avevo già lasciato l'inchiesta, l'avevo lasciata d'intesa con il procuratore della Repubblica dopo l'omicidio dei due tedeschi, perché era un periodo in cui mi occupavo moltissimo di criminalità organizzata. Avevamo un processo che toccava non soltanto la Toscana, ma anche la Sicilia, quindi collaboravamo con Giovanni Falcone e gli Stati Uniti e spesso eravamo in rogatoria negli Stati Uniti.

Quando arrivò la lettera, quella sembrò quasi un richiamo alle indagini che erano state da me lasciate, cosa che non poteva sfuggire a chi essendo interessato alle stesse come autore del fatto, voleva in qualche modo mettersi in attenzione. Fu un momento sfortunato per il cosiddetto "Mostro" perché la lettera giunse in un momento in cui io ero stranamente assente da Firenze. L'omicidio, se non ricordo male, venne commesso nella notte tra un sabato e una domenica, una cosa di questo genere, e la lettere era stata spedita il giorno successivo da San Piero a Sieve. Tra l'altro noi avevamo una casa in affitto in quel periodo in quella località.

Quando io rientrai e l'omicidio era ormai stato scoperto, quindi era fallito il piano di far scoprire l'omicidio attraverso la lettera, me la consegnarono. Io ero convintissima che potesse accadere qualcosa di questo genere, tanto che ne avevo parlato a Piero Vigna, gli avevo detto "Guarda Piero secondo me cercheranno di farci scoprire i cadaveri e di metterci ulteriormente in difficoltà, mi sembra che chi opera voglia prendersi beffe degli inquirenti".

Quindi ricordo benissimo che presi la lettera, la misi controluce, mi resi conto della situazione e la portai a Gabriele Chelazzi. Chelazzi era convinto che, siccome io mi occupavo molto di reati relativi agli stupefacenti, si trattasse di qualche spinello o qualche cosa di droga, un messaggio di qualche genere e per cui mandò la lettera alla scientifica. La cosa avvenne la mattina, mi ricordo che poi mi allontanai, andai a casa e, nel frattempo

Gabriele aveva mandato la lettera alla polizia scientifica e quando tornai nel pomeriggio c'era un allarme... tutti che dicevano "È successa una cosa incredibile, non era uno spinello!".

Io gli risposi che non lo pensavo assolutamente e così si scoprì, purtroppo, che era un lembo del seno della Mauriot. Qui cominciò tutta una parte dell'indagine che complicò un po' la mia vita perché Piero Vigna era convintissimo che io avessi condiviso con molte persone la mia opinione che il Mostro avrebbe potuto farci trovare i cadaveri attraverso un invito tipo una lettera che contenesse un macabro reperto, e quindi voleva un po' sorvegliare i miei amici e le persone con cui ero venuta in contatto, quindi era un periodo un po' complesso.

Io dissi "va bene ma dopo questo io non voglio sapere più niente di questa vicenda", che peraltro avevo già abbandonato da un punto di vista professionale. Ma non perché non avessi rispetto delle vittime, ma perché mi sembrava che fosse giusto che altri se ne occupassero e non volevo che le loro conoscenza fossero inquinate dalle mie idee»[46].

L'avvocato e scrittore Nino Filastò ha commentato per noi tutta questa vicenda così:

«La intelligentissima magistrato Silvia Della Monica, non per niente una delle poche che abbia scoperto un grossissimo traffico di droga, probabilmente aveva quantomeno aveva intuito qualcosa. Così anche per lei questo personaggio ha fatto in modo di eliminare dalla scena qualcuno che poteva metterlo in difficoltà. E lo ha fatto terrorizzandola, spedendo questa lettera

---

[46] G. Brunoro, P. Cochi, J. Pezzan, op. cit.

a lei in particolare con un brandello di seno di una vittima femminile, per farle capire che se voleva poteva farle fare la stessa fine. Ora io credo che si possa inquadrare in questo il fatto che abbia spedito questa lettera dalla cassetta delle poste di San Piero a Sieve, per far capire a questa donna che conosceva anche la sua residenza defilata, meno controllata, quella meno protetta"[47].

Il Mostro e i suoi orrendi delitti sembrano essere diventati ormai una icona pop, se è vero che come scrive il quotidiano La Nazione l'omicidio dei due giovani francesi genera un immediato flusso di "turisti", chiamiamoli così, che vogliono a tutti i costi visitare il luogo del massacro. Basta leggere i giornali dell'epoca per rendersi conto che il cosiddetto "dark tourism" è un fenomeno che ha radici molto più antiche di quanto si creda:

"Pic-nic dell'orrore sui luoghi del mostro. Una coda di macchine lunga due chilometri, vigili urbani e carabinieri che cercano di dipanare il grande ingorgo in via di Scopeti, dove sono stati ammazzati Jean e Nadine, un venditore di panini che non esita ad affettare prosciutto e salame. "A me con la salsiccia".

Radioline accese, fiori appassiti sul luogo del delitto. Un clima da fiera. "Quanto sta la fiorentina?". "Perde due a zero". "Ecco qui c'era la tenda dove ha ammazzato lei". "Luigi vieni qua! Non ti allontanare nel bosco". "Renato, dov'è la bambina?". "Porca miseria. Ieri c'era una bella gora di sangue per terra. Ma oggi hanno pasticciato tutto. Non si vede più nulla".

---

[47] G. Brunoro, P. Cochi, J. Pezzan, op. cit.

Gusti particolari di fiorentini - migliaia - che ieri, moglie, suocera, figli, fidanzata, si sono trasferiti in massa sulla collina di San Casciano, dove sono morte le ultime due vittime del mostro"[48].

Martedì 10 settembre 1985 comunque è una data storica in questa vicenda perché da quel giorno il Mostro di Firenze scompare per sempre nel buio da cui era venuto, lasciando dietro di sé una scia di dolore e sangue.

Le foto di Naudine Mauriot, Jean Michel Kraveichvili e della scena del crimine così come vennero pubblicate dal quotidiano La Nazione il 10 settembre 1985.

---

[48] *Una domenica sulle orme del mostro. Due chilometri di auto in coda per un pic-nic nel bosco della morte,* La Nazione, 16 settembre 1985.

La busta della lettera spedita dal Mostro di Firenze
al sostituto procuratore Silvia Della Monica contenente
un lembo del seno di Nadine Mauriot.

Nella foto sotto invece gli inquirenti al lavoro
sulla scena del crimine.

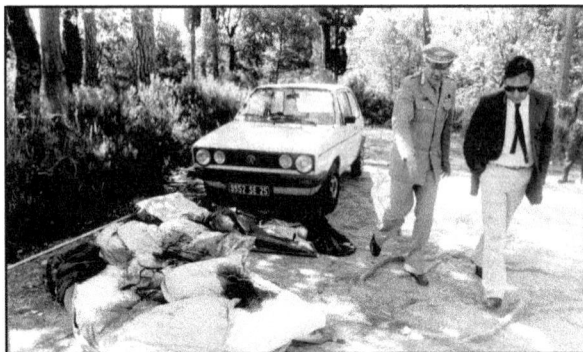

"IN ME LA NOTTE
NON FINISCE MAI"

Abbiamo già detto di come la storia del Mostro di Firenze sia caratterizzata da una quantità enorme di lettere anonime. Tra le tantissime missive ricevuta dalla stampa e dalle forze dell'ordine, oltre a quella già citata rivolta a Della Monica, va sottolineata anche quella ricevuta dal quotidiano La Nazione il 20 settembre 1985. Si tratta di una lettere molto particolare, dal tono quasi poetico, che in molti hanno ritenuto autentica, a partire dall'avvocato Filastò:

Sono molto vicino a voi. Non mi prenderete se io non vorrò
Il numero finale è ancora lontano. Sedici sono pochi.
Non odio nessuno, ma ho bisogno di farlo se voglio vivere.
Sangue e lacrime scorreranno fra poco.
Non si può andare avanti così.
Avete sbagliato tutto.
Peggio per voi.
Non commetterò più errori, la polizia si.
In me la notte non finisce mai.
Ho pianto per loro.
Vi aspetto.

LE INDAGINI

Le indagini sui delitti del cosiddetto Mostro di Firenze interessano un arco temporale di circa 50 anni, se prendiamo come data di partenza il delitto del 1968. Molti investigatori si sono misurati con questo complicato rebus e centinaia di sospetti e testimoni hanno sfilato davanti a loro a vario titolo. È facile capire come in tutti questi anni, e con tutte queste persone coinvolte, le ipotesi investigative siano state via via le più diverse e, ancora oggi, a seconda dell'angolazione da cui si guardano gli eventi si possono inquadrare diverse realtà.

Quella che segue è una carrellata completa e dettagliata delle più importanti teorie ed ipotesi investigative formulate negli anni dagli inquirenti e dagli esperti che, a vario titolo, si si sono interessati al caso del Mostro di Firenze. Alcune sono state particolarmente apprezzate per un periodo, per poi essere accantonate e magari riprese ed arricchite da nuovi dettagli o nuove intuizioni dopo alcuni anni. Altre possono dirsi tranquillamente superate al giorno d'oggi.

Teoria investigativa classica

Le indagini sul delitto del '68 si mossero da subito all'interno della famiglia della vittima. Si scavò nel passato di Barbara Locci e si ritenne di individuare nel gruppo che orbitava intorno a lei la possibile figura dell'assassino. Sostanzialmente le indagini vennero svolte secondo la maniera classica, ovvero cercando un movente specifico che legasse la vittima al carnefice. Al di là dell'esito processuale, che vende in Stefano Mele l'unico colpevole con sentenza passata in giudicato, in molti anche a distanza di anni ritengono che per quell'omicidio quella fosse la strada giusta da seguire. Va detto che in tanti non credono che Mele fosse il responsabile di quel duplice omicidio. Il primo a non credere nella verità giudiziaria sull'omicidio Locci - Lo Bianco è lo stesso Natalino Mele che, come abbiamo raccontato, era presente sul luogo del delitto.

Intervistato nell'estate del 2020 Mele ha dichiarato che

«Io papà nella mia vita lo vidi sì e no cinque volte in carcere. Era una persona buona, mite, che sicuramente non ha ucciso la mia mamma e nemmeno fu parte degli omicidi del mostro, perché era in carcere»[49].

Per il delitto del 1974, vista la distanza di anni e viste le diverse modalità con cui fu portato a termine rispetto a quello del '68, ci si comportò allo stesso modo. Anche nel caso del delitto del '74 dunque si cercò di scavare nella vita delle vittime cercando di ricostruirne abitudini ed amicizie per individuare eventuali moventi che avessero potuto spingere qualcuno a commettere

---

[49] Giovanni Terzi, *"Io scampato al mostro di Firenze. Non è Pacciani"* Libero Quotidiano, 3 agosto 2020

un tale gesto. Le strade imboccate nell'immediatezza dei fatti sulla base di segnalazioni e ricostruzioni si rivelarono ben presto inconsistenti e così il delitto venne attribuito a un generico maniaco sessuale.

Il serial killer unico e le inquietanti coincidenze

Va subito chiarito che il concetto di serial killer era qualcosa di nuovo con cui le forze di polizia e gli organi di stampa si trovarono a confrontarsi verso la fine degli anni 70, soprattutto in Italia. Quando apparve chiaro che i delitti venivano compiuti dalla stessa arma e con modalità simili riconducibili a uno schema ben preciso, tutti si trovarono fortemente impreparati ad affrontare la situazione. I classici sistemi di indagine infatti servono a poco in casi del genere. Conoscere le vite e le amicizie delle vittime può essere importante, ma non è detto che sia fondamentale. In un contesto generale privo di certezze si cominciarono ad avanzare dunque le ipotesi più diverse: dato che il killer è una persona che ha dimestichezza con l'uso dei coltelli e le lame e compie le escissioni con una certa perizia potrebbe essere un chirurgo; ma potrebbe essere anche un semplice calzolaio, o una persona che per qualunque motivo ha una buona manualità.

Sentiamo ancora a questo proposito Silvia Della Monica:

«Io ricordo varie voci. In verità a parte l'enorme numero di lettere anonime che giungevano all'ufficio, e le telefonate anonime che arrivavano dato che avevamo messo un numero specifico a cui i cittadini si potevano rivolgere, le accuse erano varie. Medici, ad esempio, perché l'uso del coltello per l'asportazione dei fetici poteva dare adito a pensare che ci fosse un'attività di un soggetto specializzato. In realtà poi non era così, la medicina legale non ha mai detto questo. Ricordo l'ottimo professor Maurri che assolutamente non dava questa indicazione e credo che il lavoro fatto all'epoca, sebbene non con mezzi adeguati come quelli attuali, fosse comunque un lavoro di grande rilievo. Questo provocò nell'ambito di soggetti disturbati una serie di suicidi.

Ricordo che noi eravamo costretti con Piero Vigna, ma anche con altri colleghi come Piero Izzo, per quanto possibile io non credo di aver avuto una convergenza con Canessa sul punto, nel senso che abbiamo avuto proprio un cambio sul posto, ma certamente noi dovevamo smentire continuamente e fare continui comunicati per calmare questi allarmismi che non avevano nessuna giustificazione»[50].

Gianluca Monastra, giornalista e scrittore, spiega molto bene l'impatto del caso dei delitti del Mostro di Firenze sulla società italiana del tempo:

«Più che gli episodi in bisogna parlare degli effetti di questo caso. Io ho visto che questo caso ha cambiato la vita a tante persone. Poliziotti, carabinieri, magistrati… al di là ovviamente dei familiari delle vittime, che forse troppo spesso ci dimentichiamo. Di certo l'episodio che più mi è rimasto negli occhi è la morte di Renzo Rontini, che è il padre di una delle vittime.

Al contrario di tutti gli altri genitori delle vittime che hanno scelto una dignitosissima e rispettabilissima uscita di scena per vivere in privato il dolore, Renzo Rontini ha sempre seguito caparbiamente ogni passo dell'inchiesta e ogni udienza del processo.

---

[50] G. Brunoro, P. Cochi, J. Pezzan, op. cit.

Il particolare altamente simbolica, a mio avviso, è che Renzo Rontini è morto per un infarto proprio sotto al palazzo della Questura di Firenze dove lui si recava quasi quotidianamente alla ricerca di quella verità che purtroppo non ha potuto avere sulla sorte delle figlia uccisa quando era ragazzina, una delle tante vittime innocenti del mostro»[51].

La figura di Renzo Rontini, il padre di Pia, è senza dubbio una delle più toccanti in questa vicenda assurda. Leggiamo come viene descritto da Nicola Coccia in un articolo pubblicato da La Nazione all'indomani della requisitoria finale di Canessa nel processo ai compagni di merende (per uno strano caso del destino proprio un paio di giorni dopo la misteriosa morte di Pietro Pacciani):

«Le ultime parole della requisitoria sono state per lui. Per Renzo Rontini. Che non ha mai mollato un istante. Che è stato la spina nel fianco degli investigatori. Ha consumato le scarpe nei corridoi della Questura, su e giù per la caserma dei carabinieri, negli uffici della Procura. Le sue lettere sono arrivate a Pertini e Scalfaro. La sua ansia di giustizia non si è fermata mai. Renzo Rontini ha assistito a tutte le udienze dei processi. E c'era anche ieri mattina, nell'aula bunker, quando Paolo Canessa gli ha voluto rendere omaggio parlando della sua costanza e della sua sete di giustizia [...] Sono state per lui le ultime parole della requisitoria. Poi Paolo Canessa ha chiesto l'ergastolo per Mario Vanni e 21 anni per Giancarlo Lotti. In questa battaglia per la giustizia Renzo Rontini ha perso tutto. Perfino la casa materna che è stata messa all'asta dalla Banca di Toscana. [...]

---

[51] G. Brunoro, P. Cochi, J. Pezzan, op. cit.

Per cercare la verità ha dovuto vendere i quadri di suo padre, Ferruccio Rontini, l'ultimo macchiaiolo. [...] Lasciò il lavoro lo stesso anno in cui gli ammazzarono la figlia, Pia. Da quel momento ha cercato ogni possibile traccia per arrivare al colpevole. Si è rivolto anche a un investigatore privato.

Da tempo ha speso tutti i soldi che aveva da parte. Ora non ha più nulla. Neppure la figlia. Il comune di Vicchio lo aiuta per le medicine [...]»[52].

Nascono nel frattempo le indagini più disparate: il Mostro vive in zona perché sa muoversi bene nelle strade statali e provinciali toscane; anzi no, vi risiede solo nel periodo estivo visto che è durante questa stagione che colpisce.

L'assassinio conosce o comunque seleziona con cura le sue vittime attraverso diversi pedinamenti più o meno lunghi; o forse no, non seleziona le vittime ma seleziona i luoghi degli attacchi sulla base della loro sicurezza; oppure fa entrambe le cose: seleziona le vittime e poi le segue fino a che non individua i luoghi in cui si appartano e solo allora comincia a preparare l'assalto.

Il Mostro ha un lavoro stabile dal lunedì al venerdì perché di fatto colpisce soltanto nei week-end o nei giorni prefestivi; oppure si tratta di una semplice coincidenza perché, da un punto di vista statistico, quelle sono le serate con un maggior numero di coppie appartate.

A questo punto è interessante leggere il profilo del Mostro realizzato dal criminologo Francesco Bruno:

«Tranne l'ultimo, dove qualche dubbio può venire anche a me, tutti gli altri sono omicidi fatti da una sola

---

[52] Nicola Coccia, *Rontini: sul lastrico per avere giustizia*, La Nazione, 24 febbraio 1998

persona. Hanno dei tempi e delle caratteristiche che ricordano degli spartiti musicali che vengono suonati di volta in volta dallo stesso Maestro d'Orchestra, dallo stesso musicista, e le variazioni sono date soltanto gli imprevisti. Possono esserci degli imprevisti e lui li calcola tutti, però alcuni ci sono inevitabilmente, ma quando ci sono lui reagisce in maniera adeguata. Reagisce peraltro in maniera molto adirata, come se se la prendesse con il fato, con tutto. E però con molta determinazione e freddezza, altro che il Vampa...

Quali sono gli imprevisti? Innanzitutto i tedeschi. Quando scopre che sono due uomini li lascia a se stessi, se ne va stizzito, butta via i giornali pornografici che probabilmente ha trovato lì (ammesso che li abbia buttati lui e che non fossero lì già da tempo). È probabile, è nel suo carattere, che se la sia presa col fato che gli ha fatto incontrare due uomini. Se la prende con l'omosessualità dei due e brucia questi giornali.

Non sia sa, per me resta un grosso mistero, con quale mezzo lui arrivi: con una moto? Con un'automobile? Nessuno ha mai visto nulla, nessuno ha mai visto automobili particolari... Ci sono piccoli riferimenti ma una volta sola, una tantum. È forse è un'automobile che ha un motivo per muoversi indisturbata, ad esempio un'ambulanza oppure una jeep militare, oppure qualcosa di questo genere»[53].

Ache l'avvocato Nio Filastò profondamente convinto che i delitti del Mostro di Firenze siano stati compiuti da un serial killer unico:

«Pe quale ragione qualcuno si rivolte a qualcun altro perché uccida per conto suo della gente mai vista

---

[53] G. Brunoro, P. Cochi, J. Pezzan, op. cit.

né conosciuta, senza alcun tipo di rapporto o di legame, senza nessun interesse... E compiendo dei delitti che hanno una connotazione sessuale chiarissima. Questo è il punto centrale. Se non si capisce l'aspetto sessuale dei delitti, vale a dire la pulsione patologico-sessuale che sta dietro a questi duplici omicidi, si elimina dalla scena quelle che Bertrand Russel definiva "premesse certe" di qualsiasi ricerca. È avvenuto che due persone abbiano condiviso lo stesso tipo di pulsione sado-sessuale-patologica, non è una cosa che sia assurda da un punto di vista criminologico, e non è questo che mi porta a escludere la presenza di altre persone, ma sono oggettivamente i dati che emergono da ciascuno di questi delitti. Non si nota mai la presenza di altre persone»[54].

Della stessa idea anche Alessandro Cecioni, giornalista e scrittore che ha seguito a lungo il caso:

«I compagni di merende... beh, che dire... già il fatto che ci sia un assassino seriale che uccide otto volte in un arco di tempo che va dal '68 all'85 per l'Italia è già un fatto bello pesante, e abbastanza raro anche nella criminologia mondiale; che questo poi questo sia un delitto di gruppo sarebbe un must assoluto. Poi, sia chiaro, l'Italia ha le sue prerogative, le sue bellezze, però questo sarebbe davvero un record. Non è mai successo, però è possibile. Ma che questi delitti fossero fatti su commissione sarebbe proprio l'ultimo livello immaginabile... cioè, non è che ordini a qualcuno di farti il furto di un'opera d'arte, qui si ordinano omicidi per ottenere pubi femminili da utilizzare in eventuali messe sataniche...»[55].

---

54 G. Brunoro, P. Cochi, J. Pezzan, op. cit.

55 Ib.

Mano a mano che i delitti aumentano emergono anche alcune inquietanti coincidenze:

- molte delle vittime italiane avevano perso da poco un genitore;
- praticamente tutte le vittime erano di estrazione sociale medio bassa. Non si registrano casi di omicidi di figli di professionisti o di ceti sociali considerati comunemente "alti";
- tutte le coppie (escluso il duplice omicidio del '68 e quello dei due ragazzi tedeschi, che però in molti ritengono un errore del Mostro) erano consolidate, ovvero coppie ufficiali. Sebbene la realtà della provincia toscana dell'epoca fosse sicuramente diversa da quella di oggi, non è possibile non notare come non siano quasi mai state colpite coppie clandestine di amanti, o coppie occasionali frutto dell'incontro di una serata;
- molte vittime femminili avevano lamentato strani incontri o si erano sentite pedinate nei giorni precedenti gli omicidi;
- molte vittime lavoravano in qualche modo nell'industria tessile.

Il profilo del Mostro

Per molti dei protagonisti delle indagini quella del serial killer unico è sempre stata la pista per eccellenza, e questo anche dopo che venne intrapreso il filone d'inchiesta dei compagni di merende. Era di questa idea lo stesso Paolo Canessa, il sostituto procuratore titolare della seconda inchiesta aperta per dare la caccia ai presunti complici di Pacciani:

«I duplici omicidi del maniaco delle coppiette non sono assolutamente delitti di clan»[56].

Della stessa ipotesi anche il procuratore aggiunto Francesco Fleury che, sempre nella stesso articolo, dichiarò:

«Sotto il profilo psicopatologico e criminologico il mostro è uno solo e quesa procura è convinta che sia Pietro Pacciani. Che poi l'assassino in alcuni delitti, e mi riferisco sopratutto all'ultimo della serie commesso a Scopeti l'8 settembre 1985, possa essersi avvalso di qualche fiancheggiatore o possibile complice, è una ipotesi che stiamo verificando da tempo con una inchiesta iniziata subito dopo la sentenza di condanna all'ergastolo per Pacciani»[57].

Nel 1984 viene affidato al professor De Fazio il compito di redigere un profilo del Mostro. Sulla base delle conoscenze sui serial killer disponibili all'epoca e sulle informazioni in loro possesso il professor e il suo

---

[56] Mario del Gamba, *Canessa: il mostro è uno solo*, La Nazione, 9 aprile 1994.

[57] Ib.

staff preparano un primo rapporto sul Mostro di Firenze. Secondo il professor De Fazio e la sua equipe, dunque, il Mostro sarebbe una persona sola, di sesso maschile, tra i 30 e 40 anni, alto circa 1.85, di cultura anglosassone. Un uomo con marcate deviazioni sessuali e che uccide a scopo di libidine.

Alcune delle teorie più "eleganti" che hanno tentato di spiegare i vari delitti del Mostro appartengono proprio a questo filone del cosiddetto serial killer unico, in particolare la teoria dell'avvocato Nino Filastò, ma anche la teoria di Mario Spezi e Douglas Preston.

Teoria Filastò

Secondo l'avvocato Filastò esistono elementi oggettivi raccolti sulle scene di diversi crimini, come la posizione delle vittime, la posizione di attacco del killer (di solito dalla parte del guidatore) e, soprattutto, l'inesistente traccia di qualsiasi reazione da parte dei ragazzi, che porterebbero a credere che il Mostro riuscisse ad avvicinarsi alle sue vittime addirittura senza destare alcun sospetto, anzi forse incutendo addirittura un certo timore reverenziale. Il ritrovamento di alcuni documenti personali, portafogli o libretti di circolazione delle auto fuori posto sulle scene del crimine, farebbe propendere l'avvocato per l'ipotesi che il killer fosse un uomo in divisa (poliziotto, carabiniere o guardia caccia poco importa), o che l'assassino si travestisse da tutore dell'ordine per avvicinare le sue vittime con la massima tranquillità.

Ecco quale sarebbe, secondo lo stesso Filastò, la prova decisiva che avvalorerebbe la sua ipotesi:

«Ci sono tanti indizi... però c'è anche una prova

ed è il portafoglio di Stefanacci, che lui di solito teneva nella tasca posteriore dei pantaloni. Quella sera Stefanacci si era tolto i pantaloni, li troviamo infatti sotto a un sedile, ma il portafoglio non c'è. Il portafoglio è per terra, forato da parte a parte da un colpo d'arma da fuoco. Com'è possibile questo? Solo se il portafoglio. è esibito in qualche modo nella direzione di uno sparo. E perché allora Stefanacci teneva il portafoglio in mano nel momento dello sparo? L'unica spiegazione è che stesse esibendo dei documenti a un uomo in divisa»[58].

Teoria Spezi/Preston

Mario Spezi è uno dei giornalisti che per primo si è occupato del caso e, tra le altre cose, è stato l'uomo che ha coniare la definizione "Mostro di Firenze", espressione che ormai è entrata nel linguaggio comune. Secondo Spezi e lo scrittore americano Douglas Preston la chiave per risolvere questo caso è tutta nella pistola. Spezi, infatti, prende per assodata l'ipotesi che la Beretta calibro .22 che ha ucciso nel 1968 sia esattamente la stessa che ha ucciso in tutti gli altri delitti del Mostro di Firenze.

Sentiamo come lo stesso Mario Spezi ci ha spiegato la sua teoria:

«L'ipotesi parte dal fatto che una pistola usata per commettere due omicidi, come qualsiasi arma utilizzata per un delitto, normalmente viene distrutta perché non rimanga la prova. Questa purtroppo non è stata distrutta perché ha ucciso ancora; Salvatore Vinci aveva delle perversioni di tipo sessuale completamente

---

[58] G. Brunoro, P. Cochi, J. Pezzan, op. cit.

opposte rispetto a quelle che ha dimostrato di avere il mostro; il delitto del '68 non è maniacale; quindi noi abbiamo ipotizzato che l'unica possibilità per cui quest'arma cambiasse mano fosse il furto, e abbiamo scoperto che nell'aprile del 1974, tre mesi prima del primo delitto maniacale, Salvatore Vinci (ed è abbastanza sorprendente se si considera che stiamo parlando di un piccolo delinquente sardo) va alla polizia al commissariato di Rifredi di Firenze, a raccontare che qualcuno gli è entrato in casa con scasso, gli ha rubato qualcosa ma non sa dire che cosa.

Per di più denuncia per nome e cognome chi gli è entrato in casa, e cioè questo personaggio che nel nostro libro abbiamo chiamato Carlo. Risulta davvero molto strano che lui rovini un ragazzo all'epoca molto giovane, senza precedenti penali senza che gli abbia rubato niente.

Nel settembre del '74 poi avviene il primo delitto maniacale e questo personaggio viene spedito fuori da Firenze. Ritornerà qui alla fine dell'80. Durante tutto questo periodo non ci sono delitti. Lui rientra e ricominciano i delitti con una cadenza annuale: '81, '82, '83, '84, '85…

Se si prende il profilo comportamentale del Mostro di Firenze fatto dalla squadra speciale dell'FBI su richiesta della polizia italiana, questo personaggio ha una storia che si adatta perfettamente a questo profilo: una madre uccisa in maniera violenta davanti a lui quando era piccolo, delle difficoltà a relazionarsi con donne giovani della sua stessa età, ecc…

Naturalmente queste sono tutte coincidenze, prove non ce ne sono»[59].

---

[59] G. Brunoro, P. Cochi, J. Pezzan, op. cit.

Del resto le evidenze balistiche confermerebbero questa ipotesi, proprio per questo motivo Spezi non ha dubbi sui bossoli ritrovati quasi per miracolo in un faldone di un processo ormai passato in giudicato. La teoria Spezi/Preston si basa quindi su due punti fissi: il primo è che chi ha ucciso nel 1968 era una persona vicina al cosiddetto clan dei sardi; il secondo è che negli ambienti criminali un'arma utilizzata per un delitto non viene mai ceduta a nessun titolo e per nessuna ragione. Di conseguenza è ragionevole credere che la famosa Beretta calibro .22 sia rimasta nelle disponibilità di qualcuno che era implicato nel delitto del '68.

Sentiamo ancora Spezi:

«L'ipotesi nasce dal fatto che è praticamente certo che la Beretta Calibro .22 era nel giro dei sardi coinvolti nell'omicidio della Locci e Lo Bianco del 1968. In particolare, se si va a leggere la sentenza scritta a suo tempo dal giudice istruttore Rotella, si capisce in maniera chiarissima che ad avere quella pistola era Salvatore Vinci che era stato uno degli amanti di Barbara Locci»[60].

Quello della pistola è un punto centrale di tutte le indagini come ci ha ribadito anche l'ex Procuratore capo Piero Luigi Vigna:

«Lì c'è sempre stato il mistero, non risolto dalle sentenze, del come questa pistola usata nel '68 sia poi tramitata nelle mani di Pacciani e dei suoi complici. Io nel mio libro formulo questa ipotesi: Pacciani stava sempre, anche quando si trasferì dal Mugello in zone più vicine, verso San Casciano Val di Pesa, stava in campagna, girava per la campagna. Nelle campagne

---

[60] G. Brunoro, P. Cochi, J. Pezzan, op. cit.

giravano anche per pastorizia i sardi. Abbiamo trovato qualche foto di Pacciani con un'arma in pugno (non so se era l'epoca della resistenza, sembrava un mitra), gli abbiamo trovato dei fucili, quindi aveva una certa passione per le armi.

Quindi io formulo l'ipotesi che in uno di questi incontro che si possono verificare in campagna abbia ricevuto in campagna. Questo è il mio pensiero, pensiero formulato su delle ipotesi»[61].

Secondo Mario Spezi e Douglas Preston questa pistola sarebbe poi stata rubata, unico modo per cui un'arma che scotta possa passare di mano, e avrebbe ricominciato ad uccidere. Il giornalista toscano e lo scrittore statunitense ricostruiscono bene questi passaggi dell'arma fino a individuare quello che, secondo loro, è a tutti gli effetti il vero Mostro di Firenze. Il fantomatico "Carlo" sarebbe dunque una persona del clan dei sardi interessata dalle indagini precedenti solo in maniera marginale e che, durante i periodi in cui non sono stati commessi gli omicidi del mostro, non si trovava nelle zone dei crimini.

Nell'edizione americana del loro interessantissimo romanzo-inchiesta[62], Mario Spezi e Douglas Preston fanno anche nome e cognome della persona che loro

[61] Ib.

[62] Mario Spezi, Douglas Preston, *The Monster of Florence*, Grand Central Publishing, 2009. Il romanzo è stato pubblicato anche in Italia con il titolo "Dolci colline di Sangue" (Sonzogno, 2006). Per un caso che potrebbe sembrare molto strano il romanzo, pubblicato anche in francese e in tedesco, attualmente in Italia non è disponibile nemmeno in formato eBook e, dopo la prima edizione del 2006, non è più stato ristampato o ripubblicato.

considerano il Mostro di Firenze, nome che però non viene menzionato nell'edizione italiana del libro (probabilmente per evitare denunce) e che, appunto, è celato dietro allo pseudonimo di "Carlo".

Mario Spezi si è spento nel settembre del 2016 al termine di una lunga malattia.

La pista sarda

Con il termine Pista Sarda si intende tutto il filone di indagine che ha riguardato a vario titolo il cosiddetto clan dei sardi. La Pista Sarda ha portato all'attenzione degli inquirenti diversi soggetti implicati o accusati a vario titolo nelle indagini, soggetti che poi si sono sempre rivelati estranei agli eventi, di solito perché il Mostro aveva colpito mentre alcuni di loro erano detenuti in carcere.

Molte di queste persone avevano un passato discutibile alle spalle e, spesso, hanno anche assunto atteggiamenti provocatorii e poco collaborativi nei confronti delle forze dell'ordine. Su alcuni di loro si sono sollevati molti sospetti, ma a ogni modo non si è mai arrivati a niente di concreto. La teoria di Spezi/Preston viene normalmente considerata una derivazione di questo filone di indagine che è stato ufficialmente abbandonato nel 1989.

Leggiamo a questo proposito cosa ci ha raccontato Piero Luigi Vigna:

«Per la verità Canessa e io non chiedemmo mai la cattura dei sardi, che invece il giudice istruttore volle fare, col Vinci e con altre persone. E noi non lo seguimmo, non chiedemmo questa misura, naturalmente il giudice non era vincolato dalla nostra richiesta. Però dopo la cattura di queste persone per ben due volte si verificò un omicidio»[63].

Sempre a proposito della pista sarda abbiamo chiesto anche ad Alessandro Cecioni se il delitto del 1968 secondo lui sia da ascrivere al Mostro di Firenze ed eventualmente perché. Ecco come ci ha risposto:

«Il delitto del '68 è stato compiuto con l'arma del Mostro di Firenze e questo, nonostante alcuni tentativi di gettare ombre su questo aspetto e nonostante alcuni errori nelle sentenze del primo delitto, secondo me è un fatto accertato. Il delitto è stato compiuto con quell'arma, è stato compiuto con modalità abbastanza simili e quello che posso dire io è che, probabilmente, sulla scena del delitto del '68 c'era quello che poi è diventato il Mostro di Firenze»[64].

Uno dei più forti sostenitori della pista sarda è stato a lungo Simone Izzo, sostituto procuratore a Firenze che indagò sui delitti del Mostro fino al 1986 quando, su sua richiesta, venne trasferito alla procura di Salerno:

«Salvatore Vinci fu arrestato nel giugno dell'86. È stata quella la prima estate e sino a oggi in cui il mostro non ha più ucciso. [...] L'indagine in Sardegna è stata progettata anche per trovare le tracce della famosa "Beretta calibro .22". Accertammo che all'epoca l'armeria del paese aveva venduto pistole dello stesso tipo e proiettili uguali a quelli usati dal mostro, difatti nell'armeria trovai e portai a Firenze una confezione completa e polverosa degli stessi proiettili repertati

[63] G. Brunoro, P. Cochi, J. Pezzan, op. cit.

[64] Ib.

sui corpi delle vittime del mostro. Accertammo anche che una delle pistole calibro .22 era stata venduta a un operaio di Villacitro successivamente emigrato in Olanda. Ma dopo la sua morte la polizia olandese non riuscì a trovarla tra le cose appartenutegli. [...] Non conosco le vicende processuali successive alla mia partenza da Firenze avvenuta nel luglio dell'86. Posso pertanto esprimere solo la convinzione che la strada della metodologia investigativa dell'epoca indicava in Salvatore Vinci, come formalmente espresso nella comunicazione giudiziaria a lui fatta sin dall'autunno del 1985, il cosiddetto mostro di Firenze»[65].

Di parere completamente opposto, invece, l'avvocato Filasto:

«Stefano Mele, secondo la perizia psichiatrica, era una specie di scemo del villaggio. Nessun testimone e nessuna circostanza obiettiva confermarono Stefano Mele. Quello secondo me è il primo errore giudiziario. Successivamente, quando il quadro diventa più chiaro, prende piede la pista sarda, ovvero il clan, la faida ancestrale. Ma non ci sono mai entrati i sardi nella vera storia del mostro di Firenze. La pista sarda nasce da un ritardo culturale, dal non aver ammesso che il primato per riuscire a districare questa matassa era di tipo psichiatrico»[66].

[65] Ketty Volpe, op. cit.

[66] Saverio Lodato, op. cit.

Pietro Pacciani

Nel 1992 Ruggero Perugini, il capo della SAM, la "Squadra Anti Mostro", ovvero il pool di polizia e carabinieri esclusivamente dedicati al caso, lancia un appello al Mostro attraverso i microfoni di una trasmissione televisiva:

«Io non so perché, ma ho la sensazione che tu in questo momento mi stia guardando e allora ascolta. La gente qui ti chiama Mostro, maniaco, belva ma in questi anni credo di aver imparato a conoscerti, forse anche a capirti e so che tu sei soltanto il povero schiavo in realtà di un incubo di tanti anni fa che ti domina.

Ma tu non sei pazzo come la gente dice, la tua fantasia, i tuoi sogni ti hanno preso la mano e governano il tuo agire. So anche che in questo momento probabilmente ogni tanto cerchi di combatterli, vorremmo che tu credessi che noi vogliamo aiutarti a farlo.

Io so che il passato ti ha insegnato il sospetto, la diffidenza, ma in questo momento non ti sto mentendo e non ti mentirò neanche dopo se e quando ti deciderai a liberarti di questo Mostro che ti tiranneggia.

Tu sai come, quando e dove trovarmi, io aspetterò»[67].

Ormai gli investigatori sono convinti di aver individuato l'assassino che da molti anni li tiene in scacco. Non assomiglia per niente a nessuno dei profili preparati fino a quel momento dagli esperti, tanto meno a quello del professor De Fazio e della sua equipe. Non è una persona slanciata e di buona cultura, ma un contadino toscano piccolo di statura e di bassa scolarità: Pietro

---

[67] Intervento di Ruggero Perugini durante la puntata del programma "Detto tra noi" del 4 febbraio 1992, RAI2.

Pacciani. Ma come si è arrivati a Pacciani? Sentiamo a questo proposito Piero Luigi Vigna:

«Mi venne in mente l'idea di richiedere la cooperazione del dipartimento della polizia giudiziaria, chiedendo di indicarmi quali persone detenute per reati attenenti al sesso, dall'epoca in cui cominciarono i primi omicidi in poi, erano liberi nei giorni degli omicidi. Venne fuori una serie numerosa di persone, si acquisirono i fascicoli e finalmente capitò fra le mani il fascicolo del Pacciani.

È stata una delle due scosse che io ho avuto in vita mia, le altre ho sempre cercato di trattenerle, anche quando mi sono trovato a vedere morti nelle stragi. Ricordo una strage su un treno nel 1984 fatto scoppiare dentro a una galleria: 15 morti, 260 feriti... Vi lascio immaginare la situazione.

La scossa comunque arrivò quando vidi che Pacciani, prima dell'inizio dei duplici omicidi, anni prima, aveva ammazzato un uomo. Ma perché lo aveva ammazzato? Perché lo aveva visto nelle campagne di Borgo San Lorenzo insieme a quella che all'epoca era la sua ragazza (nei dintorni di Borgo San Lorenzo si erano verificati ben due duplici omicidi del Mostro). L'aveva seguito, i due si erano appartati in un bosco e a un certo momento lui guardava queste due persone amoreggiare, finché la ragazza estrasse il seno sinistro, lo dice lo stesso Pacciani nella confessione resa. A questo punto, dice il Pacciani, "io persi il lume degli occhi e accoltellai e ammazzai l'uomo"...»[68].

La figura di Pacciani entra nel novero dei sospettati l'11 settembre 1985, all'indomani dell'ultimo delitto del Mostro. Una lettera anonima lo mette in relazione

---

[68] G. Brunoro, P. Cochi, J. Pezzan, op. cit.

con i delitti e suggerisce agli investigatori di indagare su di lui. Anni dopo si scoprirà che a mandare la missiva era stato un compaesano di Pacciani sulla base esclusivamente di alcuni suoi personali sospetti. Alcuni giorni dopo le forze dell'ordine perquisiscono la sua abitazione ma non trovano nulla di particolare.

Negli anni successivi la Squadra Anti Mostro elaborerà alcuni elenchi di persone che per residenza, precedenti penali, età ed altri parametri potrebbero essere considerati potenziali sospetti. Gli elenchi sono via via più circostanziati e comprendono sempre meno persone. Il nome di Pacciani è presente in tutti questi elenchi.

Pacciani è una brutta persona, su questo non ci sono dubbi. Come abbiamo visto era stato condannato per l'omicidio di un uomo sorpreso in atteggiamenti intimi con la sua fidanzata e, addirittura, dopo aver pugnalato a morte il rivale, pare che Pacciani abbia obbligato la ragazza a far l'amore con lui a fianco del cadavere ancora caldo. Il manovale toscano inoltre ha una lunga storia di maltrattamenti familiari alle spalle ed è stato in carcere per aver abusato sessualmente delle figlie. Pacciani è senza dubbio un mostro, ma è veramente lui il Mostro di Firenze?

Leggiamo ancora cosa ci ha raccontato Piero Luigi Vigna:

«Il Pacciani dal suo modo di argomentare durante gli interrogatori... non so come dire, dovreste vedere il Pacciani durante gli interrogatori in carcere, e il Pacciani in dibattimento. Durante il dibattimento Pacciani è uno, come dire, è "giocoso", usa espressioni colorite. Negli interrogatori invece si dimostra molto astuto. Perché il Pacciani secondo me ha accoppiato nella sua personalità due elementi: il fatto di essere contadino, e contadino mugellano, e in toscana si dice "contadino cervello fino"; il contadino, infatti, usa sempre un'astuzia per metterla in tasca al proprietario quando fa il mezzadro. In più unisce l'esperienza carceraria fatta per l'omicidio del Bonini.

Non dimentichiamo che lui non va in un carcere qualunque, ma va nel carcere di Badu'e Carros in Sardegna. Se io vo' in un carcere come quello di Badu'e Carros, che era un carcere in cui si trovavano detenuti condannati al 41bis quando poi fu introdotto, mi trovo di fronte sardi che hanno fatto sequestri di persona, omicidi e così via. E allora sono costretto ad assumere un atteggiamento camaleontico.... Sì perché lì ti devi adeguare all'ambiente, se no non vivi»[69].

Tra il 1990 e il 1992 la sua casa viene setacciata diverse volte dagli inquirenti con una serie di perquisizioni massicce. Vengono repertati una serie di oggetti ritenuti compromettenti, anche se come si può vedere dall'elenco qui sotto siamo di fronte a tanti indizi ma a nessuna prova:

- dei ritagli di giornale raffiguranti seno di donna;
- una cartina stradale con evidenziate a penna le località di Signa e San Casciano;
- una copia di un quadro raffigurante una figura sinistra in divisa;
- un cartellone per sedute medianiche e altri oggetti riconducibili al mondo dell'occultismo;
- un binocolo funzionate;
- un volantino pubblicitario del 1985 con sul retro scritto a penna un numero di targa di Firenze e la parola "coppia";

---

[69] G. Brunoro, P. Cochi, J. Pezzan, op. cit.

- un bloc-notes con un appunto: Vicchio-Mercatale 132 chilometri;
- un foglio con annotata la data del duplice omicidio degli Scopeti;
- dei ritagli di giornale sul Mostro di Firenze;
- un proiettile difettoso inesploso Winchester serie H cal .22;
- un blocco da disegno Skizzen Brunnen in vendita solo in Germania;
- un portasapone di fabbricazione tedesca.

In base a questi e ad altri indizi Pacciani viene arrestato il 16 gennaio 1993 con l'accusa di essere il Mostro. I titoli dei giornali sono a nove colonne e dipingono già Pacciani come il Mostro. Sui giornali si leggono dichiarazioni trionfanti dei magistrati in palese violazione con il segreto istruttorio.

Per l'opinione pubblica Pacciani è già stato giudicato e condannato:

«Il mostro è lui - dicono le trentacinque cartelle dell'ordine di cattura che lo ha portato in carcere. Da ieri mattina Pietro Pacciani, l'agricoltore di Mercatale Val di Pesa da mesi nel mirino della SAM, la squadra antimostro è a Sollicciano, in cella di isolamento. A suo carico ci sono adesso indizi che hanno "grande rilevanza" (come hanno detto i magistrati dell'inchiesta" e le testimonianze di alcune coppiette [...] Pacciani è accusato esplicitamente di quattordici omicidi, tutti quelli compiuti dal mostro, escluso il più lontano nel tempo, quello di Signa, agosto 1968 [...]»[70].

---

[70] Stefano Vetusti, *Arrestato: "È lui il mostro"*, La Nazione, 17 gennaio 1993.

Ci sono numerose sono intercettazioni ambientali registrate in casa di Pacciani, registrazioni che vengono poi trasmesse anche durante i processi. Da queste intercettazioni emerge un mondo fatto di quotidiani soprusi domestici in cui l'uomo aggredisce la moglie per i motivi più disparati, ma in sostanza nulla che possa ricondurre direttamente Pacciani ai delitti del Mostro di Firenze.

In particolare è famosa una di queste intercettazioni registrata quando la moglie Angiolina era da poco rientrata da un interrogatorio con il PM. Prima dell'incontro con il Pubblico Ministero Pacciani aveva chiesto alla moglie di dire che aveva mal di testa e che non voleva rilasciare nessuna dichiarazione. Quando però viene a sapere che Angiolina non solo ha parlato con il PM, ma ha addirittura riferito che il marito in passato aveva posseduto un fucile, allora non ci vede più e aggredisce la moglie con tale violenza che questa scappa di casa. Pacciani a quel punto resta solo in casa. Le cimici disseminate intorno a lui ne registrano ogni movimento. Lo si sente aggirarsi in cucina e ad un certo punto parlando a voce alta pare che dica: «undo' la metto ora?».

Secondo l'accusa Pacciani sta parlando della pistola, per la difesa invece Pacciani avrebbe detto «e undo' la metto ora?», parlando al maschile e, comunque, si riferiva a qualcos'altro, forse a qualcosa che aveva in mano in quel momento e comunque non alla pistola. Per un certo periodo girò addirittura l'ipotesi che la frase non fosse da riferirsi alla pistola ma piuttosto a qualcosa d'altro, sempre ricollegabile al caso, ma che per sua natura fosse sfuggito alle perquisizioni. Qualcuno arrivò addirittura a ipotizzare che si trattasse di una cassetta, audio o addirittura video, dove erano registrati uno o più omicidi e con la quale Pacciani ricattava qualcuno. È molto probabile però che si tratti di semplici fantasie considerando gli strumenti tecnici non professionali disponibili all'epoca. A ogni modo gli investigatori che erano all'ascolto non intervennero sul momento chiarendo definitivamente la cosa, e questo ancora oggi resta uno dei tanti punti grigi molto dibattuti della vicenda.

Leggiamo come ricostruisce il caso Pacciani Rosario Bevacqua, uno degli avvocati difensori del contadino toscano che venne accusato di essere il Mostro di Firenze:

«Non si è capito bene come entri in gioco Pacciani. In pratica, in base a quello che io ho letto dalle carte processuali e dai vari elementi di valutazione di questa vicenda, sembrerebbe che lui entri in gioco a seguito di una lettera anonima che viene recapitata il giorno dopo l'omicidio degli Scopeti. Questa lettera, scritta in bella calligrafia (l'ho anche allegata nel mio libro), parla di lui non tanto come dell'autore degli omicidi, ma come di una persona particolare, che non fa del bene alle figlie, ma sempre in termini molto generica.

Il dottor Perugini ritiene che questa lettera si un atto d'accusa nei confronti di Pacciani, tanto che in fase di dibattimento Perugini dice che questa lettera avrebbe individuato in Pacciani il colpevole dei delitti del Mostro. Per poter sostenere ancora questa convinzione il dottor Perugini, siccome non si trova l'arma del delitto né è mai stata trovata, cerca di trovare qualche elemento di riscontro sul piano balistico e fa fare delle attività di indagine a tutto campo, delle perquisizioni che alla fine danno come risultato il ritrovamento di una cartuccia... un ritrovamento un po' strano per quanto mi riguarda e oggettivamente per come è avvenuto, all'interno di un mezzo palo interrato da vigna. È l'unico palo mezzo rotto di quel giardino, circostanza già di per sé particolare, ma ancora più particolare è che questo ritrovamento avviene di sera mentre piove, ma è caratterizzato dalla frase "luccica, luccica"…»[71].

Si scava anche sul patrimonio di Pacciani dato che sembra improbabile che un semplice manovale che ha vissuto di lavoretti occasionali, e per di più che ha passato anni in galera, sia stato capace di mettere da parte una piccola fortuna, stimata con parametri di oggi in alcune centinaia di migliaia di euro. Sono molto sospetti anche alcuni acquisti di buoni postali in date non lontane dagli omicidi, anche se da una serie di analisi dettagliate si è arrivati a una spiegazione coerente per giustificare queste somme di denaro[72]. Non va dimenticato peraltro che nell'Italia dell'epoca moltissimi lavori artigianali venivano svolti in nero quindi non è possibile escludere che questo denaro avesse una provenienza lecita, seppur

---

[71] G. Brunoro, P. Cochi, J. Pezzan, op. cit.

[72] A questo proposito è illuminante il post *I soldi di Pietro Pacciani*, pubblicato nel maggio 2020 dal blog *Insufficienza di Prove* di Flanz Vinci, pseudonimo sotto cui si cela uno dei maggiori esperti italiani sui delitti del Mostro di Firenze. Vale la pena sottolineare il fatto che l'autore del sito dedicato alle indagini sui delitti del Mostro ha dovuto utilizzare uno pseudonimo a causa di alcune lettere anonime consegnate a mano a casa sua, tanto che come scrive TvPrato.it i carabinieri gli dissero "Se vuole continuare a scrivere sul suo blog le consigliamo di usare un nome fittizio". Il sito è consultabile a questo indirizzo: https://insufficienzadiprove.blogspot.com/

fiscalmente non dichiarata. Per qualcuno invece questi soldi rappresenterebbero la prova del coinvolgimento di Pacciani con i delitti: sa chi è il Mostro, lo ricatta e per questo ha ricevuto quel denaro; o forse l'agricoltore toscano è un assassino che agisce su commissione e per questo viene pagato.

Pietro Pacciani viene processato e condannato nel 1994 sulla base degli oggetti rinvenuti a casa sua durante le perquisizioni, le intercettazioni ambientali e le testimonianze presentate in aula. Nelle motivazioni della sentenza però si avanza l'ipotesi che, per lo meno per l'ultimo omicidio (quello dei due giovani francesi), gli assassini fossero in due e che quindi Pacciani avesse un complice. Leggiamo a questo proposito quello che ci ha raccontato Gianluca Monastra:

«La terza fase è quella che si incentra sulla ricerca dei presunti complici di Pacciani. Una fase questa che inizia durante il processo a Pacciani, tant'è che la sentenza della condanna di primo grado a Pacciani invita gli inquirenti a non fermarsi, a cercare ancora. Ma poi in realtà resta in sonno per diversi anni, finché si risveglia sul finire degli anni '90 quando prende nuovo impulso. Si inizia a cercare quindi chi avrebbe guidato Pacciani e i suoi amici, ovvero i compagni di merende (Mario Vanni e Giancarlo Lotti), per gestire questo mondo di perversioni che starebbe dietro ai delitti. È comparso anche lo scenario di una presunta setta satanica che avrebbe compiuto dei riti grazie alle mutilazioni eseguite dal Mostro. Scenari lontanissimi l'uno dall'altro, si parte dalle perversioni quasi familiari fino alle sette sataniche...»[73].

---

[73] G. Brunoro, P. Cochi, J. Pezzan, op. cit.

Nel 1996 comincia il processo d'appello, ma appare chiaro fin da subito che la sentenza non verrà confermata. Troppo scarsi gli elementi in mano agli inquirenti, fragilissimi gli indizi, quasi del tutto inconsistenti le cosiddette prove.

Dopo pochi giorni di dibattimento è addirittura il PM a chiedere l'assoluzione di Pacciani, che così può lasciare l'aula di tribunale da persona libera. Durante le battute finali del processo l'accusa tenta di presentare quattro nuovi testimoni le cui generalità vengono celate dietro le lettere dell'alfabeto greco Alfa, Beta, Gamma e Delta. Per un vizio di forma la corte però non ammette queste testimonianze e così il processo si chiude come sappiamo.

Sentiamo come ha commentato per noi la vicenda giudiziaria di Pacciani il giornalista Mario Spezi:

«Pacciani viene condannato in primo grado all'ergastolo, ma non per il delitto del 1968, quindi è una sentenza che lascia in sospeso e senza spiegazioni come la pistola usata nel 1968 sia finita nella mani di Pacciani.

Poi nel processo di appello, che si conclude nel gennaio del 1996, non solo Pacciani fu assolto, ma lo stesso procuratore generale, colui che dovrebbe di solito sostenere l'accusa, ne chiese l'assoluzione dicendo, me lo ricordo benissimo, "mezzo indizio più mezzo indizio non fa uno ma fa zero", e che contro Pacciani non c'era stato nulla e, cito il procuratore generale, "solo un'indagine degna della Pantera Rosa".

Accadde una cosa sorprendente: l'ultimo giorno del processo, poche ore prima che i giudici entrassero in camera di consiglio, arrivò in aula un inviato della Questura di Firenze, inviato dal commissario Michele Giuttari che allora era il capo della cosiddetta

"Squadra Anti Mostro", per dire "alt, abbiamo quattro nuovi testimoni, testimoni oculari dei delitti". Il presidente Francesco Ferri rispose molto seccato, perché gli sembrava stana questa circostanza a poche ore dalla sentenza che ormai si capiva che sarebbe stata di assoluzione, chiese chi sono questi testimoni. E la risposta fu stravagante: "Per motivi di sicurezza sono stati chiamati Alfa, Beta, Gamma, Delta"... non si capiva quali potessero essere i motivi di sicurezza.

Comunque il presidente Ferri si seccò e, forse facendo un errore come mi confessò più tardi, negò l'ammissione dei testi, andò in camera di consiglio e ci fu l'assoluzione.

Però quella decisione di non ammettere i testi fece in modo che il processo andasse in terzo grado dato che era stato fatto appello in Cassazione, ma non si decise mai perché Pacciani morì.

Quindi Pacciani morì giudicato sì, ma innocente»[74].

Al processo d'appello Pacciani fu difeso anche dall'avvocato Nino Marazzita che ha ricordato così con noi quell'esperienza:

«Ricordo che fu un processo tutto sommato molto facile, in discesa. Partivamo da una sentenza in primo grado davanti alla Corte d'Assise di Firenze con un Pacciani condannato all'ergastolo per tutti i delitti meno uno. La lettura della sentenza, che è una lunghissima sentenza, mi ha dato subito l'impressione di un assemblaggio di parole e argomenti senza costrutto, senza una coordinazione logica evidente. Anzi, era evidente proprio il contrario, ovvero uno scoordinamento degli avvenimenti.

---

[74] G. Brunoro, P. Cochi, J. Pezzan, op. cit.

Nella mia discussione in difesa di Pacciani in secondo grado io la definii una requisitoria di un pubblico ministero accanito contro Pacciani. Era una sentenza affermativa come dicono i giuristi, e non dimostrativa perché non dimostrava nulla»[75].

Ecco invece il commento di Gianluca Monastra a questo filone di indagine:

«Per motivi anche non legate alle colpe specifiche di chi ha indagato si è cominciato tardi a indagare sui tanti scenari specifici di questa storia. Soltanto un dato: sui presunti complici di Pacciani si indaga alla fine degli anni '90 e quindi si parla di decenni dopo il primo delitto. Un lasso di tempo enorme che poi accende l'interesse intorno a questa storia, ma è anche la zavorra che non permette di scoprire quello che avremmo potuto scoprire tanti anni fa. Anche perché non ci fu una ricerca scientifica fin dall'inizio, così come avrebbero potuto fare adesso gli investigatori con i mezzi attualmente a disposizione dalla polizia scientifica. Tutto questo non c'era, tutto questo è stato fatto in modo artigianale allora e tutto questo ha condizionato lo sviluppo futuro dell'inchiesta»[76].

Dell'innocenza di Pietro Pacciani, come abbiamo già ricordato, era peraltro convinto anche Adolfo Izzo[77]. Nel 1996, dunque, la Corte di Cassazione annulla la sentenza di assoluzione e si prepara un nuovo processo che vedrà ancora una volta il contadino

---

[75] G. Brunoro, P. Cochi, J. Pezzan, op. cit.

[76] Ib.

[77] Ketty Volpe, op. cit.

toscano su banco degli imputati. Il 22 febbraio 1998 però Pacciani viene trovato morto nella sua abitazione a Mercatale.

Si dice che sia stato stroncato da un infarto, ma c'è qualcosa di strano. Innanzi tutto la posizione in cui viene trovato il cadavere, e cioè con i pantaloni abbassati e la maglia tirata sù. Ancora più strani i risultati dell'esame tossicologico compiuti sul cadavere: emergono tracce di un potente farmaco antiasmatico, fortemente controindicato per una persona con le sue patologie cardiache.

Certo, può anche essere che Pacciani abbia assunto in maniera involontaria e inconsapevole quel farmaco. C'è però chi non è convinto di quella morte e avanza l'ipotesi che in realtà Pacciani sia stato ucciso, forse per evitare che rivelasse dei segreti collegati agli omicidi del Mostro di Firenze.

Leggiamo la cronaca di quei giorni:

«È morto con i calzoni abbassati fino a metà coscia. Con la maglietta di lana sudicia e sdrucita arrotolata fin quasi al collo che lasciava nuda una schiena diventata con il tempo un po' curva. Pietro Pacciani, l'ex agricoltore di Mercatale, a 73 anni ha avvolto la sua morte nel mistero. Così come aveva fatto con tutta la sua vita burrascosa.

[...] Il volto quasi deformato, bluastro e gonfio come lo erano anche il petto e i visceri. [...] Non c'è neppure una traccia di violenza, una lesione anche piccola su quel corpo così vasto. Ma in quel disordine, nel caos di quel rifugio è impossibile, almeno per ora, dire cosa sia successo esattamente [...]»[78].

---

[78] Amadore Agostini, *Seminudo e gonfio. Così muore Pacciani*, La Nazione, 23 febbraio 1998.

Comunque sia, al di là di ogni teoria più o meno complottista, il 22 febbraio 1998 cala definitivamente il sipario su Pietro Pacciani.

I compagni di merende

L'espressione "compagni di merende" è nata durante il primo processo Pacciani. Tra i vari testimoni sfilano anche alcuni amici di Pacciani, uno di questi è Mario Vanni, il postino del paese.

Alla domanda «Signor Vanni che lavoro fa lei?», l'uomo risponde «Io sono stato a fa' delle merende co' i' Pacciani, no?», dando subito l'idea di essere stato istruito a rispondere da qualcuno, come sottolineò il giudice Enrico Ognibene che disse «Lei comincia male, sembra che venga a recitarci una lezioncina».

Queste espressione diventerà di uso comune nella lingua italiana, un vero e proprio "neologismo", ma già all'epoca era stata utilizzata da Vanni prima ancora che iniziasse il processo, come scrive il quotidiano La Nazione nel 1996:

«Due testimoni lo inchiodano, lui continua a ripetere: "Con Pacciani soltanto a fare merende". Perquisito tutto l'appartamento. Era già a letto quando gli agenti hanno bussato alla porta»[79].

Ma chi sono i compagni di merende e come ha fatto l'accusa ad arrivare a loro? Come abbiamo segnalato in precedenza durante il secondo processo Pacciani l'accusa voleva interrogare quattro misteriosi testimoni

---

[79] *L'ex postino in carcere: "Ma io non so nulla"*, La Nazione, 14 febbraio 1996.

soprannominati Alfa, Beta, Gamma e Delta. I loro nomi sono Fernando Pucci, Giancarlo Lotti, Gabriella Ghiribelli e Norberto Galli. A Loro si è giunti attraverso una serie di intercettazioni telefoniche e indagini fatte nelle zona tra le amicizie di Pacciani. Va ricordato che la sentenza del 1994 aveva avanzato l'ipotesi che gli assassini fossero più di uno e comunque, è bene sottolinearlo, la pistola con cui il Mostro ha compiuto tutti i delitti non è mai stata trovata, quindi potrebbe essere stata nascosta da qualcuno della zona.

Da una di queste intercettazioni spunta qualcosa: in particolare viene registrata una conversazione tra Giancarlo Lotti e Gabriella Ghiribelli in cui Lotti fa intendere di aver assistito personalmente all'ultimo delitto. Lotti viene immediatamente interrogato dagli investigatori. All'inizio nega ogni cosa, poi si contraddice e alla fine ammette di aver assistito all'ultimo duplice omicidio, quello della coppia di francesi.

Anzi, dirà di più: sostiene di essere stato presente sul luogo perché doveva fare da palo a Pacciani e Vanni mentre uccidevano i ragazzi e asportavano i macabri feticci dai loro corpi. Dirà anche di aver portato sul luogo dell'omicidio un suo amico con gravi ritardi mentali, Fernando Pucci, ma che lui con questa storia non c'entra nulla.

Leggiamo cosa ci ha raccontato a questo proposito l'ex procuratore Pier Luigi Vigna:

«Il procuratore generale in corte di appello nella sua iniziale ricostruzione dei fatti, che allora si poteva fare, ora non più, elevò molti dubbi sulla responsabilità del Pacciani dicendo che la sentenza non lo convinceva, che il contenuto delle perizie dava adito a dubbi. Noi, pubblici ministeri, prendemmo tutti gli atti che incastravano oltre a Pacciani anche Lotti e Vanni, e li mandammo in corte d'assise, utilizzando una norma del codice che prevede che si possono omissare i nomi delle fonti di prova quando questo pregiudicherebbe lo svolgimento delle indagini. Ma dicendo allo stesso tempo alla corte d'assise che se loro avessero ammesso queste fonti di prova ovviamente sarebbero stati i nomi. La nostra paura era che dicendo i nomi, soprattutto della Ghiribelli e dello stesso Lotti, che ci fosse una concentrazione fra giornalisti e altre persone che potevano creare polemiche e confusione, inquinando così l'andamento del processo»[80].

Gabriella Ghiribelli e Norberto Galli confermeranno agli inquirenti di essere transitati in prossimità della piazzola dove sostavano i francesi la notte dell'omicidio e di aver intravisto l'auto di Lotti. Come un fiume in piena Lotti aggiunge che era presente anche all'omicidio di Vicchio, arrivando a sostenere che Pia gridava ancora mentre Pacciani la tirava fuori dall'auto. Sulla base della confessione di Giancarlo Lotti, un uomo che, non va dimenticato, ha gravi problemi di alcolismo e una vita di espedienti alle spalle, viene istruito il cosiddetto processo ai Compagni di Merende, ovvero il gruppo di persone che avrebbe portato a termine con tanta ferocia i delitti del Mostro di Firenze sotto la guida di Pietro Pacciani.

Lotti dà informazioni e fornisce dettagli che a volte sono in palese disaccordo con la ricostruzione dei fatti e, soprattutto, con le evidenze scientifiche, come quando parlò dell'omicidio di Vicchio sostenendo

[80] G. Brunoro, P. Cochi, J. Pezzan, op. cit.

che Pia era ancora cosciente e urlava mentre veniva estratta dall'auto. Secondo l'autopsia però Pia è stata colpita in maniera mortale dai primi spari perdendo conoscenza quasi subito, impossibile quindi che potesse reagire in alcun modo mentre veniva tirata fuori dall'auto. Un altro caso macroscopico è quello del delitto di Baccaiano. Abbiamo raccontato di come Lorenzo Allegranti, autista dell'ambulanza che per primo estrasse dall'auto i corpi di Mainardi e Migliorini a Baccaiano, disse chiaramente che i due si trovavano sul sedile posteriore.

Eppure non venne creduto dagli inquirenti:

«[...] i magistrati sono convinti che sia stato Paolo Mainardi a tentare la fuga in auto e finire in un fossato. Tutto nasce dal fatto che i due ragazzi passati sul posto in motorino hanno riferito di aver visto nell'auto un uomo con la testa reclinata sul volante. Per i magistrati non poteva che essere Mainardi. Ma non è così, perché sono stato io ad aprire per primo la portiera della Seat.

Antonella e Paolo erano entrambi sul sedile posteriore. I corpi li ho estratti io, e so quanta fatica ho fatto perché quell'auto ha due solo portiere e non ha i sedili reclinabili. Quindi non posso essermi sbagliato. Al volante non c'era nessuno e, se davvero c'era, la spiegazione era un'altra: al posto di guida si era messo il Mostro per spostare l'auto in una zona riparata, e invece è finito nella cunetta. A quel punto è sceso, con un gesto di rabbia ha gettato la chiave d'accensione nella boscaglia ed è fuggito.

Se al volante ci fosse stato Paolo perché mai avrebbe dovuto buttar via la chiave? Al processo il pm Paolo Canessa ha sostenuto che io dicevo il falso. Gli ho risposto per le rime tanto che è dovuto intervenire il presidente per calmarmi. Ma io sono stato chiaro: "Mi arresti pure in aula ma io non cambio versione. Racconto solo quello che ho visto" […]»[81].

Ma perché questa polemica apparentemente sterile sulla dinamica dell'omicidio? Perché il pubblico ministero Canessa ha sostenuto in aula che Allegranti diceva il falso? Il motivo è molto semplice: Giancarlo Lotti, uno dei compagni di merende condannato in via definitiva come complice in quattro degli otto duplici delitti del Mostro, nelle sue confessioni dirà che Mainardi aveva tentato disperatamente di fuggire.

Quindi la procura non poteva accettare la versione di Allegranti perché rischiava di veder cadere il castello di carte costruito per condannare i compagni di merende. Lotti infatti ha raccontato che Mainardi ha tentato la fuga e dunque, pur di non confessarlo, si tenta addirittura di incriminare per falsa testimonianza l'infermiere che per primo giunse sul luogo del delitto e che estrasse i corpi dei due giovani dall'auto.

Se il processo a Pacciani aveva aperto uno squarcio su una realtà di orrori famigliari, con il processo ai compagni di merende si apre il vaso di Pandora dei vizi inconfessabili della provincia italiana. In sede dibattimentale si sentono storie di esistenze misere, animalesche. Uomini che frequentano abitualmente prostitute, perversioni e violenze sessuali di ogni tipo, magia nera e altri riti propiziatori forse retaggio di una certa cultura di campagna.

---

[81] Giangavino Sulas, op. cit.

Secondo la ricostruzione ufficiale Pacciani, Vanni e in alcuni casi Lotti, avrebbero commesso per lo meno gli ultimi quattro delitti. Il motivo? È ancora una volta Lotti a suggerirlo: c'era una persona in vista, un signore, un medico che commissionava i delitti e pagava per avere i feticci.

Esisterebbe quindi un secondo livello, un livello di insospettabili che per motivi che nessuno conosce, molto probabilmente di carattere magico-esoterico, avrebbe commissionato i delitti a questa banda di disperati, pagandoli pure profumatamente. Va detto peraltro che anche Vanni, come Pacciani, al momento dell'arresto ha nelle sue disponibilità un patrimonio che non è semplicissimo giustificare con il suo lavoro di semplice postino.

L'ex procuratore Vigna comunque ci ha detto di non aver mai creduto al secondo livello:

«Nel mio libro affronto anche il tema dei cosiddetti mandanti, a cui io non ho mai creduto, anche perché ormai io mi sono magistratizzato: ciò che non provo non esiste. Ci possono essere supposizioni e intuizioni che possono essere anche vere, ma non dati di realtà.

Facciamo questo discorso: c'è un signore che ordina tutti questi omicidi, si prende i repertini e si diverte a usarli per le sue manie. E come mai allora il Lotti dorme in una canonica e non ha una lira per far ballare l'orso? Come mai a Vanni, che aveva sì questo lavoro di portalettere, ma non gli si trova nulla?

Pacciani ha lavorato una vita e uno che fa mangiare alle figlie la volpe o che magia gatti non va al supermercato, non va a fare spese... è tipico del vecchio contadino. Io nasco da famiglia, almeno da due gradi in su, contadina, i contadini di un tempo che erano risparmiosi. Lui ha sempre lavorato, non è che sia stato dieci anni in guerra o malato... se uno non spende nulla accumula. La moglie poi mi pare facesse qualche servizio...»[82].

Mario Spezi ricostruisce così la vicenda giudiziaria del processo ai compagni di merende:

«Tutta la storia processuale del mostro è finita con un risultato paradossale. Noi abbiamo per la legge due colpevoli, i due grulli del paese, che hanno commesso quattro duplici omicidi. Uno li confessa, quindi non avrebbe nessuna difficoltà a confessarli tutti, invece dice che gli altri non li hanno fatti loro... eppure gli altri omicidi non solo stati commessi con la stessa arma da fuoco, non solo con le stesse cartucce, non solo con lo stesso coltello, ma esattamente con le stesse modalità: il modo di tagliare, lo spostamento del corpo, ecc.

Conclusione: sono esattamente uguali. E quindi la mia conclusione è che o gli hanno fatti tutti o non ne hanno fatto nessuno»[83].

Il 24 marzo 1998, quindi poco più di un mese dopo la morte di Pacciani, per Vanni e Lotti arriva la sentenza di primo grado: i "compagni di merende" vengono condannati come esecutori degli ultimi quattro duplici omicidi in concorso con Pacciani. Nel 2000 arriva la conferma della sentenza in Cassazione. Lotti viene condannato a 30 anni, ma muore nel 2002 per un tumore al fegato. Mario Vanni, condannato all'ergastolo, muore nell'aprile del 2009. È l'ultimo dei "compagni di merende" a uscire di scena.

---

[82] G. Brunoro, P. Cochi, J. Pezzan, op. cit.

[83] G. Brunoro, P. Cochi, J. Pezzan, op. cit.

Ecco come commentò la morte dell'ex postino di San Casciano Val di Pesa dalle pagine del Corriere della Sera Michele Giuttari, l'uomo che dal 2003 è stato a capo del GIDES, il pool investigativo impegnato nella ricerca dei possibili mandanti del delitti del Mostro di Firenze:

«Con tutta probabilità si porta nella tomba dei segreti che non ha voluto o potuto rivelare, quelli sui mandanti del Mostro»[84].

Per lo Stato Italiano dunque, Vanni e Lotti sono stati gli esecutori materiali di almeno 4 dei duplici omicidi del Mostro. Ma c'è di più. I giudici che condannano "i compagni di merende" scrivono chiaramente che erano emersi elementi tali da far supporre che i delitti fossero commissionati da un "mandante". Si apre dunque uno scenario assolutamente nuovo nell'inchiesta sui delitti del Mostro di Firenze: siamo di fronte ad un "secondo livello".

---

[84] Franca Selvatici, *Mostro, cala l'ultimo sipario. Mario Vanni muore in ospedale*, La Repubblica, 15 aprile 2009.

Pietro Pacciani in aula durante il processo di primo grado.

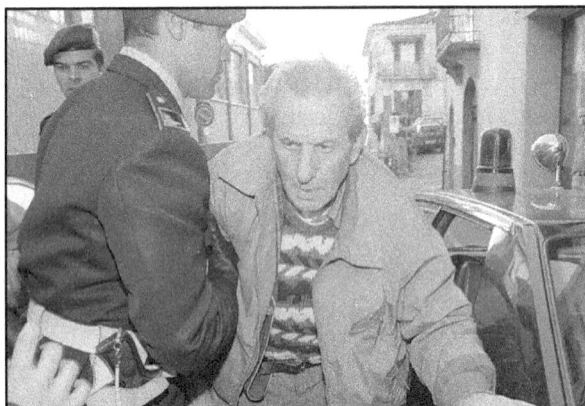

Mario Vanni viene condotto agli arresti domiciliari
il 24 dicembre 1997.

IL SECONDO LIVELLO

L'inchiesta si allarga e il nostro puzzle, proprio quando siamo sicuri di aver trovato l'ultimo tassello, si modifica e muta forma per l'ennesima volta. Secondo gli investigatori la bassa manovalanza di Pacciani, ormai deceduto, e Vanni, con l'ausilio in alcuni casi del reo confesso Lotti, avrebbe seminato il panico in Toscana seguendo una perversa regia esterna. Una regia di personaggi insospettabili che, celati dietro le loro professioni e il buon nome delle loro famiglie, avrebbero commissionato i delitti.

Anche questa volta è una testimonianza di Lotti a far partire le indagini, come ricorda Mario Spezi:

«Lotti a un certo punto dice che Pacciani gli parlò di un dottore. Il fatto che la parola "dottore" significhi "medico", o rimandi a quella professione, a me sembra strano, perché a quel livello sociale, e cioè estremamente basso, "dottore" è qualsiasi persona con una laurea e forse neanche. Comunque si partì da quello e si arrivò a incriminare il povero farmacista di San Casciano

Francesco Calamandrei (che peraltro non è "dottore"!), che poi dopo fu assolto con formula piena»[85].

Secondo l'avvocato Filastò invece tutta l'indagine sarebbe partito da una lettera raccomandata inviata agli inquirenti dalla giornalista Gabriella Pasquali Carlizzi, personaggio quantomeno originale, mettiamola così, che nei primi anni 2000 è intervenuta spesso con teorie molto ardite sui principali fatti di cronaca nera italiana e internazionale.

Intervistato da l'Unità nel 2004 Filastò ha infatti dichiarato che

«Queste cose cominciano per iniziativa di una signora che il 25 marzo 1996 scrive una raccomandata agli investigatori e ipotizza una "creatura a più teste, una vera e propria organizzazione facente capo a una mente".

La stessa signora che ha provocato la riesumazione del cadavere di Walter Chiari, sostenendo che venne assassinato, che parla con la Madonna di Fatima, sa tutto del delitto di via Poma, sa tutto del delitto dell'Olgiata, ha accusato un noto scrittore italiano di essere il mostro di Firenze, che le ha fatto querela per diffamazione ottenendo la sua condanna. Sa anche tutto della morte di Lady Diana [...]»[86].

---

[85] G. Brunoro, P. Cochi, J. Pezzan, op. cit.

[86] Saverio Lodato, *"Il Mostro di Firenze? Era un poliziotto"*, L'Unità, 5 febbraio 2004

La pista esoterica

Questo livello superiore avrebbe commissionato gli omicidi per oscure finalità esoteriche: secondo gli investigatori sono evidenti in vari aspetti dei delitti tracce di ritualità e magia nera, come ad esempio le armi, che sono sempre le stesse per tutti gli omicidi, come pare serva in questo tipo di rituali. Un altro dettaglio che spinge gli inquirenti in questa direzione è quello delle notti senza luna in cui sono stati commessi tutti i duplici delitti del Mostro di Firenze, ma anche il fatto che i luoghi dei delitti sono vicini a filari di viti e a corsi d'acqua, elementi che secondo questo filone di indagine sono carichi di simbolismo esoterico.

Ci sono poi gli indizi raccolti sui luoghi dei delitti, come quella pietra di basalto nero rinvenuta nei pressi del luogo dell'omicidio delle Bartoline nel 1981, che per alcuni sarebbe un totem esoterico, mentre per altri un semplice ferma porte[87]. Oltre a questo anche una serie di cerchi fatti con delle pietre rinvenute in una zona in cui i due francesi si erano accampati qualche giorno prima del delitto e dalla quale erano stati fatti spostare da un guardacaccia. Secondo alcuni esperti di esoterismo questi cerchi significherebbero "coppia di francesi, prescelti e destinati al sacrificio".

A onor del vero la pista esoterica era già stata stata proposta alcuni anni prima dal criminologo Francesco Bruno che nel 1984 aveva redatto un profilo del killer su richiesta dei servizi segreti. In questo dossier Bruno aveva sottolineato come, secondo lui, il killer agisse su impulso mistico-esoterico. Di questo dossier pare

---

[87] Si vedano a questo proposito le dichiarazioni del Tenente Colonnello Olinto Dell'Amico qui riportata a pag. 35 e 36.

si siano però perse le tracce e sembra che non sia mai arrivato sulle scrivanie degli organi investigativi che si occupavano del caso. Nel dossier Bruno, scritto tra l'altro con il contributo di sua moglie Simonetta Costanzo, non viene fatta l'ipotesi che il Mostro agisca in gruppo. L'aspetto mistico-esoterico riguarderebbe esclusivamente la personalità del killer e i suoi moventi inconsci, più che delineare un progetto di tipo omicida pensato e attuato quale parte integrante di un qualche rituale satanico.

Ecco come ricordato con noi la cosa lo stesso Bruno:

«Io ho parlato sempre di sette esoteriche e forse sataniche, dicendo che le sette di questo tipo entrano nel background culturale del Mostro. Cioè il Mostro può aver frequentato ambienti di questo tipo dove ha formato questa sua religiosità perversa per cui sappiamo con certezza che il Mostro ce l'ha con il crocifisso, sia perché strappa il crocifisso dal petto della Rontini e lo getta lontano, sia perché in occasione dell'inizio del processo di primo grado, va a oltraggiare le lapidi della Rontini e dello Stefanacci, in particolare distruggendo la croce»[88].

Ma chi sarebbero questi insospettabili membri della setta esoterica? Pezzi grossi, nomi in vista, gente importante: si fanno dei nomi e alcuni di questi personaggi arrivano addirittura sul banco degli imputati, come il già citato farmacista di San Casciano Francesco Calamandrei che però, al termine di un discusso processo, verrà prosciolto in maniera totale da ogni accusa, come ha ricordato Spezi.

---

[88] G. Brunoro, P. Cochi, J. Pezzan, op. cit.

Una vicenda drammatica e a tratti kafkiana quella vissuta da Calamandrei, costretto a sopportare un vero e proprio calvario giudiziario. L'assoluzione definitiva, infatti, arriva soltanto il 20 maggio 2008. Secondo il Giudice per l'Udienza Preliminare Silvio De Luca, al termine del processo con rito abbreviato apertosi il 27 settembre 2007, "il fatto non sussiste" in base all'articolo 530 secondo comma del Codice di procedura penale, che prevede l'assoluzione dell'imputato in caso di mancanza, insufficienza o contraddittorietà della prova:

«Ho subito, sono stato tartassato per venti anni senza aver fatto nulla. Come potrò mai essere risarcito?», ha detto Calamandrei subito dopo la lettura della sentenza. «L'assoluzione non mi restituisce nulla. La mia prima perquisizione risale al 1988. Ho passato tanti momenti dolorosi. Nel dolore c'è un limite oltre il quale non si può andare, io questo limite l'ho superato».

L'ex farmacista ha dedicato la sua assoluzione «a mio figlio Marco (morto lo scorso 4 marzo), a mia figlia Francesca e all'avvocato Zanobini». «È un'assoluzione piena, mancava la prova della responsabilità, non c'era nessuna prova», ha commentato l'avvocato difensore Zanobini»[89].

Su questo filone di indagini sentiamo anche il commento dell'ex procuratore Pier Luigi Vigna:

«Calamandrei secondo me è entrato nella vicenda per via delle dichiarazioni della moglie, io non ho fatto

---

[89] *Mostro di Firenze: Calamandrei assolto*, Corriere della Sera, 21 maggio 2008.

il processo, quindi non lo conosco nei dettagli. La moglie però mi risulta essere *non compos sui*, non so se perché affetta da manie di gelosia... ma quante persone, quante persone si sono comportate così! Pensate che arrivarono più di mille lettere anonime, e allora di fronte a una lettera anonima che si fa? La buttiamo via? E se poi risulta che dentro c'era era il vero nome del mostro? Allora gli mandiamo un'informazione di garanzia? Così si rischia di rovinare una persona... Allora la mia tattica fu quella di sentirli, o di farli sentire, come persone offese del reato di calunnia, e solo se nel corso dell'esame emergeva qualche sospetto, dalle domande o dalle risposte, o dalla descrizione dell'arma, allora si procedeva a indagini più penetranti, compresa la perquisizione immediata»[90].

Il nome più famoso emerge ancora una volta a seguito di una intercettazione telefonica in cui a una donna vittima di usura vengono rivolte esplicite minacce. In particolare la voce anonima dall'altra parte del telefono minaccia la signora dicendole che rischia di fare la fine del medico "morto sul lago Trasimeno".

Chi è questo medico? Francesco Narducci dicono gli investigatori, un gastroenterologo perugino morto nel 1985 nelle acque del lago Trasimeno.

---

[90] G. Brunoro, P. Cochi, J. Pezzan, op. cit.

Francesco Narducci

Secondo un'interpretazione forse più corretta la minaccia registrata nell'intercettazione farebbe piuttosto riferimento a un altro medico, questo sì finito in un giro di usura, di nome Giampiero Puletti, suicidatosi sulla spiaggia del lago Trasimeno nel 1995. La procura però è convinta che si stia parlando di Francesco Narducci e così si apre un nuovo filone di indagine destinato a durare per anni.

Cerchiamo di capire dunque chi fosse Francesco Narducci e cosa sappiamo di lui. Perugino, ricco rampollo di una famiglia della Perugia bene, Narducci era un professionista rispettato e aveva un tenore di vita invidiabile. Molto ricco, aveva sposato una ragazza, Francesca Spagnoli, anch'essa rampolla di una nota famiglia in città. Una vita all'apparenza serena, un'esistenza invidiabile.

A una prima occhiata tutto sembrava a posto. Non emergono grosse cose a suo carico, a parte il fatto che probabilmente possedeva una pistola. Eppure c'è qualcosa di strano, sia perché una *vox populi* degli anni '80 lo indicava come in qualche modo compromesso con la vicenda del Mostro, sia perché a quanto pare la Squadra Anti Mostro era già arrivata a mettergli gli occhi addosso negli anni '80 , inserendolo in una lista di persone fortemente sospette, come ci ha raccontato l'ex procuratore Vigna:

«Noi ci informammo su questo personaggio che compariva in un anonimo e facemmo una serie di accertamenti molto semplici, in pratica chiedemmo le sue presenze e venne fuori che per certi omicidi era negli Stati Uniti per motivi di studio. Già all'epoca non venne fuori nulla, anzi venne fuori la prova contraria e cioè che lui non era in Italia, e questo grazie alla prova del passaporto»[91].

Non conosciamo il motivo che possa aver spinto gli investigatori in direzione di Narducci già negli anni '80, ma qualcosa ci deve essere stato. Forse una lettera anonima, anche se come abbiamo già avuto modo di vedere di lettere anonima all'epoca ne arrivavano tante. Si vocifera anche che vi fu una segnalazione da parte di un infermiere di Foligno che aveva notato qualcosa di strano, ma ancora una volta siamo di fronte soltanto a voci, ipotesi, dicerie. Si dice anche che l'auto o, forse, la moto di Narducci, fosse stata avvistata nelle vicinanze di una scena del crimine la notte di uno dei delitti del Mostro, e che la sua moto avesse forzato un posto di blocco alcuni giorni prima della sua misteriosa scomparsa. Si parla infine di una serie di pedinamenti e controlli svolti dalle forze dell'ordine in maniera del tutto irrituale.

Luca Cardinalini, giornalista e scrittore, autore de *La strana morte del dr. Narducci*[92], ricostruisce così la vicenda:

«Narducci entra nelle indagini ufficialmente perché viene intercettata una telefonata che era diretta a un'estetista di Foligno in cui la si minacciava. Sembra che il figlio stesse per essere rapito, e nel corso dell'intercettazione prima viene nominato Pacciani: "Stai attenta che ti facciamo fare la fine di Pacciani", e dopo tra frasi smozzicate, rumori di fondo, sospiri, ecc, in questa telefonata si sente la frase "la fine

---

[91] G. Brunoro, P. Cochi, J. Pezzan, op. cit.

[92] Luca Cardinalini, Pietro Licciardi, *La strana morte del dr. Narducci. Il rebus di due cadaveri e il «mostro» di Firenze*, DeriveApprodi, 2007

del grande dottore di Perugia, Narducci, morto in fondo al Trasimeno". Questa è la chiave della prima pedalata dell'inchiesta. Il pubblico ministero Minignini va a rispolverare il vecchio fascicolo ormai impolverato da anni, e non molto consistente (il fascicolo era stato "prosciugato" nel corso degli anni), e si accorge che le incongruenze e e i buchi riguardo alla morte di Narducci erano tantissimi. Viene fuori poi che le indagini non erano state fatte solo sulla "strana morte" del Dottor Narducci, ma vengono fuori dei collegamenti con Firenze. Narducci era una delle persone sospettate nell'arco di tempo in cui il Mostro colpiva, la macchina era stata segnalata, Narducci stesso faceva parte di una lista di più di 200 persone "attenzionate", come si dice, dalla Questura. Vent'anni dopo di quella lista era morto solo Narducci, e dopo la sua morte il Mostro non aveva più colpito»[93].

Voci e ricordi sbiaditi, ma in sostanza ci sono pochi elementi chiari su questa storia. Narducci morì incidentalmente, per lo meno questa fu la versione ufficiale, poco dopo il duplice omicidio dei francesi. Proprio quando l'occhio del ciclone delle indagini forse stava prendendo la sua direzione. A ogni modo Gabriele Zanobini, avvocato difensore di Francesco Calamandrei nel processo sui presunti mandanti dei delitti del Mostro di Firenze, ci ha confermato come Narducci si trovasse negli Stati Uniti non soltanto per il delitto di Calenzano dell'81, ma anche per il delitto degli Scopeti del 1985:

«Con tutti gli accertamenti fatti sulle macchine che avevano verificato nel territorio di San Casciano

---

[93] G. Brunoro, P. Cochi, J. Pezzan, op. cit.

(lui possedeva una Cytroen) ecc ecc, non venne mai provato che lui era in zona, ma nemmeno a Firenze nel momento di questi duplici omicidi. In special modo per quel che riguarda l'omicidio dell'81 fu verificato che lui dal 16 settembre 1981 al 31 dicembre 1981 era a fare un corso presso l'Università di Philadelphia, e anche nell'85 era negli Stati Uniti, di questo io ho la certezza in quanto riferito dalla moglie Francesca Spagnoli»[94].

Da quel momento in poi le indagini, come sappiamo, presero tutta un'altra piega anche perché saltò fuori che durante uno dei delitti, quello di Calenzano del 1981, Narducci stava seguendo un corso di specializzazione negli Stati Uniti. Peccato però che il corso non avesse obbligo di frequenza e non esistessero registri di presenza di nessun tipo... Resta comunque una forte sensazione di disagio nell'apprendere che una pista investigativa che sembrava promettente sia stata praticamente abbandonata dal 1985 al 2002. Ci sono delle zone d'ombra su Narducci, delle voci sulla vita ma in particolare sulla sua presunta morte verificatasi l'8 ottobre 1985.

Giallo al Lago Trasimeno

Secondo la ricostruzione ufficiale quel giorno Narducci è al lavoro all'ospedale Monteluce di Perugia. A un certo punto riceve una telefonata a seguito della quale dice di doversi assentare. Torna a casa, pranza con la moglie e poi decide di andare al lago a fare una gita in barca. Prima però pare sia passato

---

[94] G. Brunoro, P. Cochi, J. Pezzan, op. cit.

presso la villa di proprietà della sua famiglia a San Feliciano dove avrebbe lasciato uno scritto. Esce con la barca e da quel momento di lui si perdono le tracce. Dopo alcune ore si mette in moto la macchina dei soccorsi. La barca viene ritrovata ma di lui nessuna traccia fino a che il 13 ottobre un corpo non emerge liberato dai fondali limacciosi del lago.

La famiglia Narducci è una famiglia in vista e molto potente in città e forse per questo, per sveltire le procedure burocratiche, non vengono svolti gli accertamenti che sono previsti in casi come questo, e cioè quando la causa della morte non è certa. Non viene dunque fatta l'autopsia. C'è anche chi dice che il cadavere restituito dal lago quel giorno non fosse quello di Francesco Narducci: troppo gonfio, scuro, con un attaccatura di capelli completamente diversa, in avanzato stato di putrefazione nonostante siano passati pochi giorni dalla scomparsa e, soprattutto, molto più basso del Narducci.

A riprova del fatto ci sarebbero le testimonianze dei presenti e poi alcune fotografie "rubate" durante le operazioni di recupero del corpo, mentre uno stretto cordone di forze dell'ordine e notabili locali impedivano l'accesso alla banchina a tutti i fotoreporter. In un momento di distrazione qualcuno riesce a trovare l'angolo giusto e scatta qualche foto del cadavere ripescato disteso a terra sul pontile. Le immagini sono prese da troppo lontano e l'angolatura non permette di scorgere con precisioni i tratti del viso, ma da quelle foto è possibile comunque ricavare una serie di informazioni.

In particolare il gruppo di analisi scientifica dei Carabinieri, il R.I.S, riesce a stimare l'altezza del corpo confrontandola con le assi del pavimento del pontile: da questo calcolo risulterebbe che il corpo ripescato sia di almeno 10/15 centimetri più basso rispetto a Narducci. Luca Cardinalini ricorda così l'affaire Narducci:

«Addirittura ci sono delle indagini la sera stessa in cui Narducci scompare, ma sono tutti pezzi di notizia, chiamiamoli così, non c'è un vero rapporto organico e ordinato che possa far ricostruire l'indagine su Narduci in modo appunto organico.

È sicuro però che su Narducci hanno indagato, l'Ispettore Napoleoni e anche altri, andando prima all'università e controllando il registro delle presenze, poi andando a Foglino nello studio del padre. Ci sono dei riferimenti, anche se poi sono frasi smozzicate, in cui si fa riferimento proprio all'indagine sul Mostro di Firenze.

Quindi il collegamento non lo fa Mignini a posteriori dopo vent'anni, lo facevano già vent'anni prima gli inquirenti anche se appunto non con un'inchiesta ufficiale, diciamo così. L'impressione è che è difficile da provare dal punto di vista giudiziario, anche perché sono passati moltissimi anni e questo è un elemento che va a sfavore.

Però ci sono una miriade di elementi che collegano le due vicende, io nel mio libro mi sono concentrato sulla vicenda della sostituzione del cadavere (va detto che tutti i personaggi coinvolti in questa storia facevano parte della stessa loggia massonica e ricordiamo che Perugia è la città che ha il maggior numero di logge massoniche in Italia in proporzione al numero di abitanti), perché c'è un dato che è chiaro, ovvero che c'è stata una sostituzione del cadavere di Narducci.

Io quindi parto da un dato: Narducci viene seguito, ci sono delle indagini non ufficiali che però collegano la vicenda Narducci a quella dei delitti fiorentini e sicuramente Narducci è stato ritrovato in un giorno diverso da quello ufficialmente detto e c'è stata una sostituzione di cadavere, questo è un fatto certo»[95].

Nel 2002 viene riesumata la salma e sottoposta all'autopsia che sancisce senza ombra di dubbio che il cadavere all'interno della bara è quello di Narducci, ma i dubbi rimangono perché, secondo la teoria che vede torbido in questa storia, possiamo sì essere sicuri che il corpo è quello Narducci, ma non possiamo essere certi che fosse suo il corpo ripescato nel lago nel 1985. Insomma, Narducci in quella tomba ci sarebbe finito in un secondo momento. Quando i medici aprono la bara con loro grande sorpresa trovano un cadavere in buone condizioni, niente a che vedere con il corpo deteriorato che molti testimoni hanno detto di aver visto sul pontile.

Dall'esame autoptico sembra emergere che Narducci non sia morto per annegamento e comunque non abbia passato 5 giorni in acqua, anche se non è possibile ottenere una risposta chiara e definitiva su un cadavere così vecchio. Se ancora non bastasse ci sono anche alcune lesioni alla cartilagine tiroidea che porterebbero a pensare a una causa di morte diversa: asfissia meccanica secondo una modalità omicidiaria. Narducci dunque sarebbe morto strangolato.

Una storia strana, non c'è dubbio, ma il 20 Aprile 2010 arriva la sentenza al termine dell'udienza preliminare davanti al GUP di Perugia che vedeva imputati a vario titolo 19 persone accusate di aver organizzato la messinscena del lago: tutti gli imputati vengono prosciolti e così, ancora una volta, sembra calare il sipario su Francesco Narducci. Quella sentenza

---

[95] G. Brunoro, P. Cochi, J. Pezzan, op. cit.

però verrà poi annullata nel 2013, come ha ribadito con forza l'ex magistrato Giuliano Mignini in una lettera pubblica inviata al quotidiano Perugia Today:

«Gentile Direttore di Perugia Today. Sono Giuliano Mignini, da poco a riposo dopo essere andato in pensione come magistrato.

Durante la mia carriera, mi sono occupato, tra l'altro, della vicenda del gastroenterologo Francesco Narducci e, con una certa sorpresa, ho letto oggi un articolo relativo alla recente morte dell'ex maresciallo della Polizia Provinciale che conobbi durante le indagini e che si dimostrò sempre leale e collaborativo verso gli inquirenti. Lo ricordo con simpatia.

Nell'articolo si dice però una cosa profondamente inesatta che, purtroppo, non è una novità in questa vicenda. Si dice cioè che, per il Tribunale, il Narducci sarebbe morto per disgrazia, mentre per me e per il dr. Giuttari sarebbe morto per omicidio (con tutto il contorno di doppio cadavere e connessioni fiorentine).

Per il Tribunale perché ? Perché per l'allora GUP Paolo Micheli, autore di una macroscopica sentenza, il Narducci sarebbe morto per disgrazia.

Eppure, dovrebbe essere ormai chiaro a tutti che quella sentenza è stata tolta di mezzo dalla Quarta Sezione della Corte di Cassazione, il 22 marzo 2013, dietro mio ricorso. E pensare che l'unica statuizione del Tribunale rimasta in piedi sia l'ordinanza del gip De Robertis nel procedimento 1848/08/21 che ha stabilito la causa di morte del medico nell'omicidio, il "doppio cadavere" e le connessioni fiorentine.

E questo senza parlare dell'ordinanza del Tribunale d'Appello cautelare di identico tenore. Questi non sono giudizi, sono fatti»[96].

Al di là della sostituzione del cadavere sul quel molo sul Lago Trasimeno e sulla misteriosa morte di Narducci, a carico del medico perugino restano una serie di misteriose coincidenze, come quella della cessazione degli omicidi dopo la sua morte o scomparsa avvenuta proprio quando gli investigatori stavano spostando su di lui il focus delle indagini. Ma basta questo a renderlo il Mostro? E poi avrebbe agito da solo? Sarebbe stato un serial killer solitario come praticamente tutti i dossier criminologici sul caso sembrano suggerirci? E Pacciani e i compagni di merende che ruolo avrebbero allora in questa storia? Come si collegano le loro storie e le loro esistenze animalesche fatte di istinti primordiali con le atmosfere sofisticate del rampollo di buona famiglia? E la setta esoterica?

Esiste veramente, come sostengono in molti, questa organizzazione in grado di commissionare delitti e depistare le indagini di cui Narducci sarebbe stato membro?

---

[96] Giuliano Mignini, *LETTERA Caso Narducci, Pm Mignini: "Morte accidentale? No, quella sentenza è stata tolta di mezzo dalla Cassazione"*, PerugiaToday, 21 maggio 2020.

L'ex legionario

Nel luglio del 2017, tra lo stupore degli organi di stampa di tutto il mondo, il caso del Mostro è stato riaperto. I pubblici ministeri Canessa e Turco, che secondo una serie di indiscrezioni erano al lavoro sul caso già dal 2013, hanno infatti iscritto formalmente nel registro degli indagati due nuovi nomi, anche se non sappiamo se per concorso in omicidio, favoreggiamento o per altri reati legati al possesso di armi. Uno è quello di Giampiero Vigilanti, ex legionario pluriottantenne, da sempre vicino agli ambienti dell'estrema destra e amico di Rolf Reinecke, il tedesco che aveva scoperto i corpi di Horst Meyer e Jens-Uwe Rush nel 1983 a Giogioli. L'altro invece è quello del medico Francesco Caccamo. Vigilanti durante un interrogatorio fiume ha fatto il nome di Caccamo, sostenendo che fosse lui a ordinare gli omicidi delle coppiette.

Ancora una volta ci troviamo di fronte al teorema del secondo livello anche se, a più di trent'anni dall'ultimo omicidio, e visti i personaggi coinvolti, ogni informazione è da prendere con le pinze. L'ex legionario peraltro era già stato sentito dagli inquirenti nel 1985, quando era stato perquisito per la prima volta. Durante una seconda perquisizione, avvenuta nel 1994, le forze dell'ordine avevano sequestrato a Vigilanti 176 proiettili Winchester calibro 22 serie H, lo stesso tipo di quelli utilizzati dal Mostro.

L'avvocato Capano, difensore di Vigilanti, è subito intervenuto pubblicamente per smentire ogni ipotesi di un possibile collegamento tra il suo assistito e i delitti del Mostro di Firenze:

«Ha conosciuto Pietro Pacciani e dice di aver

conosciuto di vista anche Mario Vanni e Giancarlo Lotti? Non ci vedo nulla di strano: se Vanni e Lotti erano amici di Pacciani e il mio assistito conosceva Pacciani può averli incrociati.

Stiamo discutendo di una cosa a scatola vuota. Non mi risulta che Vigilanti abbia ricevuto alcun avviso di garanzia, non si sa esattamente per cosa sia indagato e non c'è un verbale di perquisizione in tempi recenti. Per questo sono perplesso e mi chiedo qual sia lo scopo di far sapere pubblicamente che esiste un'indagine di questo tipo»[97].

Da sempre il caso del Mostro ha attirato mitomani di ogni tipo, e Vigilanti ha dalla sua una vita a dir poco eccentrica, particolare che ha messo in allarme più di qualche osservatore in merito alla sua attendibilità. Caccamo, anche lui pluriottantenne, vive a Dicomano, nel Mugello, ma in passato aveva un ambulatorio a Prato ed è stato a lungo il medico curante di Vigilanti. Dopo le dichiarazioni dell'ex legionario le forze dell'ordine hanno perquisito la casa del medico, senza però trovare alcunché. Vigilanti ha dichiarato ai magistrati che i delitti del mostro sarebbero stati compiuti da più persone, particolare che ancora un volta cozza contro ogni teoria criminologica sui delitti seriali di questo tipo, come abbiamo già avuto modo di sottolineare in precedenza, per non parlare delle evidenze scientifiche rilevate sui luoghi dei delitti del Mostro.

Anche questo filone d'indagine si è comunque rivelata essere l'ennesimo vicolo cieco dato che nel novembre nel 2020 il gip di Firenze Angela Fantechi

---

[97] Paolo Nencioni, *Mostro di Firenze: l'ex legionario, il medico e i dubbi dell'avvocato*, Il Tirreno, 28 luglio 2017.

ha disposto l'archiviazione per Giampiero Vigilanti e per Francesco Caccamo:

«Rigettata l'istanza di opposizione all'archiviazione che era stata presentata dall'avvocato Vieri Adriani, legale dei familiari delle vittime dell'ultimo duplice omicidio attribuito al maniaco di Firenze, i francesi Nadine Mauriot e Jean Michel Kraveichvili uccisi a Scopeti nel settembre 1985.

L'archiviazione dell'inchiesta su Giampiero Vigilanti e Francesco Caccamo non pone fine del tutto alle indagini sui duplici omicidi attribuiti al cosiddetto mostro di Firenze. Come sottolineato anche dal gip Angela Fantechi nell'ordinanza di archiviazione, sono tutt'ora in corso da parte della procura accertamenti in relazione "al recente ed ultimo rinvenimento di una pistola Beretta calibro 22», lo stesso tipo di arma che le perizie indicano essere stata usata per gli omicidi. La pistola è stata trovata nel gennaio del 2020 abbandonata tra i cespugli in una piazzola di sosta lungo la superstrada Firenze- Siena, all'altezza dello svincolo di Tavarnelle. L'arma, che al momento del ritrovamento si presentava arrugginita, col caricatore inserito, è adesso nella mani della polizia scientifica per gli esami del caso. Resta aperto in procura a Firenze anche un altro filone dell'inchiesta sul "mostro", nel quale viene ipotizzato il reato di depistaggio, al momento senza indagati […]»[98].

---

[98] *Mostro di Firenze, archiviate le indagini sugli ultimi indagati*, La Nazione, 10 novembre 2020.

Nuove evidenze scientifiche?

Due però sono gli aspetti che potrebbero davvero riaprire il caso: uno riguarda la famigerata Beretta .22 utilizzata dal Mostro, l'altro è invece strettamente legato alle moderne analisi del DNA.

Per quanto riguarda la pistola abbiamo già detto delle munizioni rinvenute in casa del Vigilanti nel 1994, ma va sottolineato che l'ex legionario detiene regolarmente quattro pistole, tra cui anche un Beretta .22. Di quest'ultima però ne è stato denunciato il furto nel 2013, proprio l'anno in cui i pubblici ministeri Canessa e Turco hanno riaperto nella massima discrezione le indagini. Diverso invece il discorso per le tracce di DNA, dato che si stanno rianalizzando tutti i reperti del caso del Mostro con le moderne tecniche forensi nella speranza di trovare qualche traccia che, all'epoca, era sfuggita agli investigatori o che non poteva essere analizzata.

Nel novembre del 2019 sono emerse infatti nuove prove che potrebbe far riaprire il caso. Indagando sul duplice delitto di Scopeti, ovvero quello del 1985 con cui terminano i delitti del Mostro di Firenze, è stata scoperta una traccia di DNA appartenente a un profilo sconosciuto.

Il genetista Ugo Ricci analizzando le tracce biologiche presenti sui reperti del duplice omicidio ha fatto una serie di scoperte che hanno evidenziato come le indagini nel corso degli anni siano state condotte in maniera quantomeno amatoriale: non sono mai stati immagazzinati i profili genetici di Giancarlo Lotti e Mario Vanni, ad esempio, ma anche quelli delle vittime. Inoltre su un paio di pantaloni taglia 44 presenti all'interno della tenda canadese in cui si trovavano i due ragazzi francesi è stata rinvenuta una traccia di DNA di un profilo maschile, battezzato "uomo sconosciuto 1", diverso da quello della vittima Jean Michel Kraveichvili (anch'esso assente dalla banca dati ma ricavato da altri reperti). Un ulteriore profilo è spuntato dalla busta da lettere che racchiudeva tre proiettili spediti ai pm Vigna, Canessa e Fleury. Ma questi due profili genetici non sono compatibili. Non sono di Vigilanti né del medico Francesco Caccamo. Non sono neppure di Francesco Narducci (profilo archiviato dopo la riesumazione del corpo nell'ambito dell'inchiesta per la presunta sostituzione del suo cadavere al momento del ritrovamento nel lago Trasimeno nell'ottobre del 1985). E neppure di Rolf Reinecke, il tedesco ormai defunto che scoprì i cadaveri dei due ragazzi tedeschi del 1983 (profilo ricavato tramite la figlia). Sono di Pietro Pacciani? No, non sono neppure del "Vampa".

Il fatto che non si abbiano riscontri con nessuno dei personaggi coinvolti in qualche modo nel caso non sta a significare nulla, sia chiaro, dato che stiamo parlando di tracce di DNA più cercato a trent'anni di distanza. Per non parlare del modo in cui sono stati repertate le prove del caso negli ultimi decenni.

Da questo scenario però emerge in maniera inquietante un dato palese: le poche evidenze scientifiche del caso sembrano di volta in volta incrinare sistematicamente le dichiarazioni del "pentito" Lotti, ovvero le fondamenta su cui si basa la verità giudiziaria relativa ai delitti del Mostro di Firenze.

La pista nera

Quella al vaglio degli inquirenti sarebbe una vera e propria pista nera, una nuova teoria che andrebbe dunque ad aggiungersi a tutte quelle seguite negli ultimi anni:

«[...] La Pettini, che era figlia di un partigiano, verrà oltraggiata anche con un tralcio di vite nella vagina, un dettaglio che si ritrova negli eccidi nazifascisti, ad esempio quello di Vinca, sulle Alpi Apuane.

[...] Con questa impostazione, è inquietante il dettaglio, ribadito più volte al processo, secondo cui Pia Rontini, uccisa nel 1984 alla Boschetta di Vicchio con il fidanzato Claudio Stefanacci, aveva rivelato alle persone a lei vicine di aver avuto l'impressione di essere stata pedinata, forse avvicinata. Nel 2015, i carabinieri del ROS "batterono" insistentemente Prato sulle tracce delle conoscenze di Rolf Reinecke, tedesco dalle marcate simpatie neonaziste, amico di Vigilanti, che dopo la separazione dalla moglie si era trasferito da Prato a Giogoli. Aveva affittato una porzione di una villa situata proprio davanti alla piazzola dove i due omosessuali tedeschi avevano parcheggiato il loro Volkswagen. Anche lui perquisito nell'immediatezza, gli vennero trovate delle pistole ma non la calibro .22 [...]»[99].

C'è stato anche chi ha evocato l'ombra dei Servizi Segreti, un classico del complottismo tricolore, ma francamente in questo caso si ha l'impressione di trovarsi di fronte soltanto a storie fantasiose.

---

[99] *Mostro di Firenze, dalla pistola ai delitti a orologeria: tracce sulla pista del dottore*, La Nazione, 28 luglio 2017.

Francesco Narducci.

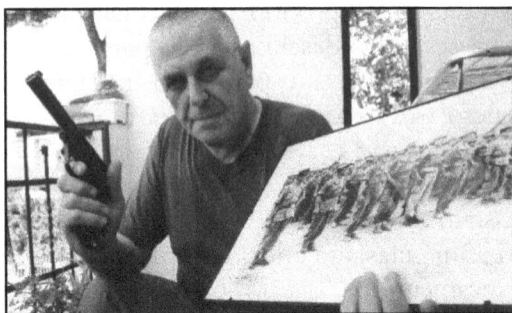

Giampiero Vigilanti in una foto del 1998 in cui mostra orgoglioso la sua Beretta e una foto scattata ai tempi della Legione Straniera.

SOLTANTO IPOTESI...

I potesi. Soltanto ipotesi. A volte, forse, pura fantasia. Comunque la si voglia pensare però è innegabile che Narducci sarebbe per molti il tassello perfetto che fino a questo momento mancava in tutta questa vicenda.

Finalmente c'era qualcuno che aveva quei tratti anglosassoni e la cultura raffinata tracciati dai dossier dei profiler e che mancava nei vari Spalletti, Vinci, Pacciani, Lotti, Vanni e in tutti gli altri personaggi grotteschi di questa storia, come sottolinea Alessandro Cecioni, scrittore e giornalista:

«Allo stato attuale il Mostro di Firenze sono i complici del Mostro di Firenze, cioè quelli che sono stati condannati in via definitiva all'ergastolo sono i compagni di merende, Vanni e Lotti, perché Pacciani è morto nel limbo tra due processi. Assolto dall'appello però con sentenza cassata dalla cassazione e quindi in attesa di un nuovo processo. Un paradosso, come tutta questa vicenda.

Di quali delitti sono colpevoli i compagni

di merende? Solo quelli dall'82 in poi. È un'inchiesta che non ha né capo né coda, gente che è stata condannata senza che venissero loro contestati gli altri delitti, e questo anche se c'era la pistola, il modus operandi uguale… però non glieli hanno dati.

Buffo no? Tragico direi…»[100].

Come abbiamo più volte ripetuto siamo di fronte a un rebus anzi, a un puzzle complesso con molte tessere che alle volte non combaciano. Per questo si ha la forte la sensazione che gli inquirenti, per salvare il lavoro fatto fino a quel punto, per non abbandonare una teoria o semplicemente per fare passi avanti sulla base di nuovi scenari, abbiano cercato di mettere in relazione persone, ambienti e situazioni che effettivamente avevano poco o nulla in comune.

Gianluca Monastra riassume in maniera molto chiara la situazione paradossale in cui ci si trova al termine del viaggio nell'incubo dei delitti del Mostro di Firenze:

«È un qualcosa di unico, non ci sono storie simili in Italia, ma nemmeno nel mondo.

Ancora non sappiamo com'è andata a finire, ognuno ha la sua verità ma ancora non abbiamo scritto l'ultima pagina, non l'abbiamo letta e secondo me questa ultima pagina non verrà mai scritta, anche perché in ogni caso sarebbe un'ultima pagina che ognuno leggerebbe a modo suo, mantenendo le sue convinzioni.

Perché non dimentichiamo che ci sono persone condannate con sentenze passate in giudicato per spiegare una parte dei delitti, ma tutto questo non ha cambiato le convinzioni generali, chi era convinto di qualcosa è rimasto della sua opinione

[100] G. Brunoro, P. Cochi, J. Pezzan, op. cit.

a prescindere dalle sentenze dei tribunali. Anche perché intorno alle 16 vittime del mostro ci sono altre vittime di omicidi strani, di delitti misteriosi, che lasciano la porta aperta ad altre dieci, cento, mille verità diverse»[101].

La storia di Narducci è sospetta e misteriosa, come a modo loro lo sono le storie di molti dei personaggi che a vario titolo sono entrati in questa orribile vicenda. Scavando nelle loro vite abbiamo scoperto mondi e situazioni che non avremmo voluto conoscere. Storie di violenza, illegalità e poco rispetto per le persone e le istituzioni. Mostruosità che però non hanno ancora permesso di scrivere la parola fine su questa storia, su questa storia che è a tutti gli effetti un puzzle indecifrabile.

Un puzzle infinito: proprio quando crediamo di averlo completato ci accorgiamo che per farlo abbiamo dovuto forzare alcuni pezzi, inserendoli in posizioni sbagliate pur di portare a termine il lavoro a tutti i costi. Oppure che non abbiamo usato abbastanza pezzi e per questo l'immagine che vediamo non è mai nitida e chiara.

E a questo punto non ci resta che ricominciare tutto da capo…

[101] G. Brunoro, P. Cochi, J. Pezzan, op. cit.

JACOPO PEZZAN
& GIACOMO BRUNORO

Entrambi padovani, Pezzan e Brunoro si sono conosciuti sui banchi del liceo nei primi anni '90. Hanno raccontato i misteri italiani, i delitti del vaticano, le storie nere dei serial killer e alcuni dei più celebri fatti di cronaca nera legati alle icone pop contemporanee.

Il loro podcast, TRUE CRIME DIARIES, è disponibile in tutte le principali piattaforme digitali.

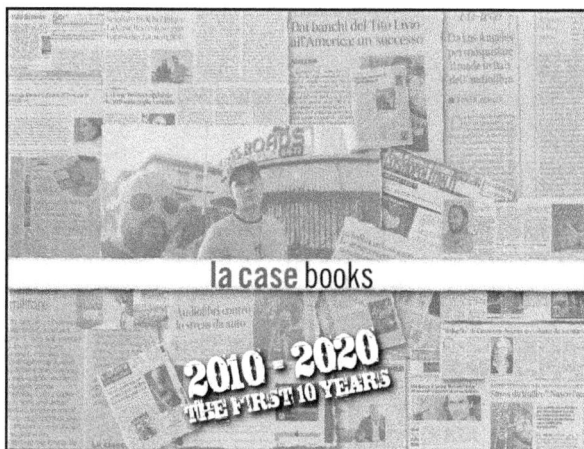

LA CASE BOOKS

L A CASE Books è un progetto editoriale nato nel 2010 da un'idea di Jacopo Pezzan e Giacomo Brunoro. Agli inizi del 2010 Pezzan, che vive a Los Angeles, capisce che quella dell'editoria digitale. non è una semplice scommessa sul futuro ma una realtà concreta.

Così, quando in Italia non era ancora possibile acquistare ebook su iTunes, e Kindle Store era attivo soltanto negli USA, LA CASE Books inizia a pubblicare ebook e audiolibri in italiano e in inglese sul mercato mondiale. Nel 2020, per festeggiare i primi dieci anni di attività della casa editrice, iniziano anche le pubblicazioni in formato cartaceo.

Oggi LA CASE Books ha un catalogo di più di 600 titoli tra libri cartacei, ebook e audiolibri in inglese, italiano, tedesco, francese, spagnolo, russo e polacco, ed è presente in tutti i più importanti digital store internazionali.

www.lacasebooks.com

I DELITTI DEL MOSTRO DI FIRENZE
Jacopo Pezzan & Giacomo Brunoro

Copyright © 2021 LA CASE
Copyright © 2010-2021 LA CASE
ISBN 9781953546821
Tutti i diritti riservati

LA CASE Books
PO BOX 931416, Los Angeles, CA, 90093
info@lacasebooks.com || www.lacasebooks.com

www.ingramcontent.com/pod-product-compliance
Lightning Source LLC
Chambersburg PA
CBHW060459280326
41933CB00014B/2795